OHSAMA BUNKO

週末ひとり時間

池田千恵

JN080444

三笠書房

はじめに

アクティブにも、とことん没頭にも……新しい週末が待っています！

この本は、週末をアクティブに過ごしたい人にも、ゆっくり体を休めて過ごしたい人にも役立つ、週末に少しだけ「ひとり時間」を取り入れ、自分の本当にしたいことを見つけたり、エネルギーをしっかり充電したりするための、さまざまな方法をお知らせする本です。

ひとりでできる休日のリフレッシュやリラックス法のほか、スッキリ気持ちよく週明けをむかえることができるよう、充実感たっぷりの「ひとり時間」のヒントをまとめました。

ふだんはみんなで行動する旅行や食事を、あえてひとりで行なう活動を「おひとりさま」「ソロ活」と称するようですが、この本では、そういった**アクティブな活動だ**

けでなく、家から外に出なくてもできる、ひとり静かに自分と向き合う方法や、具体的な「ひとり時間」のつくり方についても紹介していきます。

「ひとり時間」というと、まるまる一日、フリーの時間を取る必要があると思われるかもしれません。

しかし、週末は家族と一緒だったり、友だちと会ったり、平日ためていた家事をしたりと、何かと忙しい人も多いでしょう。

することがたくさんあるので、「ひとり時間」をたっぷり取ろうと思うと、ハードルが高いですよね。

でも大丈夫です！

一日まるごと「ひとり時間」を取る必要はありません。忙しい中、10分、15分単位でも、自分にとって心地よいことを選びとっていけばいいのです。

週末に楽しみな予定が待っていると、ふだんの生活にも張りがでるし、「よし、頑張ろう！」と思えますよね。また、楽しい時間を過ごすことでリフレッシュもできて、気持ちが切り替わります。

一方で、こんな気持ちになることはありませんか？

- 予定を詰め込みすぎてしまい、疲れたまま月曜日をむかえることに……
- 週末が楽しすぎて平日とのギャップが大きすぎるため、週明けのことを思うとユウウツになる……
- 「休みなんだからちゃんと遊ばなきゃ」と思うけど、仕事のことが気になって気もそぞろ……

このようなギャップを埋めようと、週末はゆっくり休むつもりでいると、今度はこんな気持ちになることも。

- 平日が忙しすぎるから休んだのに、一日中ダラダラしてしまったと、自分にガッカリする……

◎予定が何もない週末を過ごすと、「自分には友だちが少ないのではないか」と不安になる……

◎平日の疲れが抜けないため、子どもと一緒に思いっ切り遊ぶことができず、かわいそうなことをしたと反省する……

日曜日の夜、「あー疲れた」とぐったりしたり、「ダラダラしちゃった」と罪悪感があったりするときと、「あーよく遊んだ！」「よく休めた！」とスッキリ気持ちよく週明けをむかえられるときの違いは、いったいどこにあるのでしょうか。

それは**自分の意思で決めてつくった時間を、思いっ切り集中して過ごせたか、そうでないか**です。

ひとりで過ごした時間を「ダラダラした」と感じたか「ひとり時間をつくれた」と感じたかの違いは、そこに意図があるかないかにあります。自分の意思でしっかり決めてつくった時間を、メリハリをつけて思いっ切り楽しめれば、疲れを残さず充実した休みにすることができます。

この本では、自分で決めて、意図をもってつくった「ひとり時間」を楽しむためのヒントを紹介していきます。今回紹介する「ひとり時間」の過ごし方を実践すれば、ダラダラ過ごしてしまった罪悪感や、目いっぱい予定を詰め込んで疲れてしまう後悔からも抜け出せます。

平日は日々忙しく、自分の時間どころじゃない人も多いことでしょう。比較的時間の自由度が高い週末は、外に刺激を求めて外出するだけではなく、自分と向き合う時間にもなるのです。

池田　千恵

もくじ

1章

◎「いいこと」が待っているから頑張れる

週末こそ、もっと「自分のため」に！

2章

本当に「やりたい！」のはどれ？

「書き出す」ところから何かが動き出す

3章

● あんなことも、こんなことも……

考えるだけでワクワクする「予定作り」

4章

◎自分の価値をブラッシュアップ

「ひとり時間」だからできること、トライしたいこと

5章

家族がいても、仕事が押しても……

「誰にも邪魔されない時間」はつくれる、守れる

6章

最高のリフレッシュ&リラックス

どれから始める？「頭と体に効く」リスト

本文イラストレーション　徳丸ゆう

1章

「いいこと」が待っているから頑張れる

週末こそ、もっと「自分のため」に！

「つながりすぎ」の時代だから

今を生きる私たちは、SNSによって「みんなとつながる」ことによる恩恵を受けています。しかし一方で、つながりすぎることによる弊害もあると考えています。

正しい情報、間違った情報、偏《かたよ》った情報、さまざまな情報が、バケツリレーのようにリアルタイムで飛び交《か》っています。その情報をすべて真《ま》に受けてしまう場合があるのです。

情報は、それ自体は何の意味も持ちません。得た情報をどのように受け止め、判断し、行動していくかが大事なのです。あなたの行動基準までが、洪水のように流れてくる情報に流されてはいけないのです。

なんだかわからないけれど不安があるという理由は、そんなあまりにもたくさんの物事が突然、目の前に現われたために、これから何をすべきかの全体像がつかめないことにあるのではないでしょうか。
このような状況から抜け出すための手段の一つが、「ひとり時間」を活用することです。

さまざまな情報の中で、さまざまな人たちに囲まれて働き、生きている日常は、いうならば「みんな時間」の自分。その対極にあるのが「ひとり時間」です。

「みんな時間」で忙しく動いている今だからこそ、自分の頭の中をいったん整理し、落ち着いて、自分の判断力を取り戻す必要があります。そのためには、**意図的に「ひとり時間」で頭をクールダウンさせることが重要になってくるのです。**

「ひとり時間」を使えば、自分が抱いている不安を、頭からいったん放してしまうことができるのです。

気持ちが自然と落ち着き、今自分は何をすればいいのか？　が見えてきます。

今、ギスギス、イライラ、カリカリしているあなたは、本来のあなたではありません。「ひとり時間」をうまく使って、ひと呼吸置くことができれば、本来あなたが持ち合わせている優しさ、温かさ、思いやり、強さが表われてくるのです。

私が「朝活」のイベントやセミナーで皆さんと接している姿を見て、もともと社交的で、元気で明るい人だと思われることが多いようです。しかし、子どものころは親の仕事の関係で転校をくり返していたせいもあり、本来の性格は引っ込み思案《じあん》で、怖がりで、人見知りです。

幼いころから、友だちになりたくても、「自分から友だちの輪に入っていって、うまく溶け込めなかったらどうしよう」と怖くなり、「怖い思いをするくらいなら、最初からひとりでいたほうがマシ」と自分を守り、ぽつんとひとりで行動するような子どもでした。

学級委員に推薦《すいせん》されても、人前で話すと頭の中が真っ白になって固まってしまうために必死で断り、とにかく目立たないようにしていました。

小学生のとき、テレビ番組のクルーが学校に撮影に来たことがありました。じゃんけんで勝った人がテレビに映ることができる、ということで、みんなでじゃんけんをしたところ、とんとん拍子で勝ち抜き、テレビに映る権利を得てしまいました。でも、急に怖くなり、結局、二番手の人に譲ってしまったこともありました。そんな性格のまま大人になり、会社員時代も、ランチはほとんどひとりで食べていたものです。

そんな性格だった私が、今、人前で講演をしたり、セミナーを開催したりする姿を、以前から私を知る人は信じられないようで、先日も母親に、「あの千恵が、人前で講演をするなんてねぇ」としみじみ言われたくらいです。

社交的ですぐ周囲と仲よくなってしまう人を心底うらやましいと思い、そうなりたいとマネした時期もありました。ひとりでいると〝暗い人〟だと思われる。それはイヤだと、わざと明るく振る舞ってもみました。

でも、どう頑張っても自分は自分でしかありません。性格をガラッと変えようとするのには無理があり、自分を偽《いつわ》っているようで苦しくなります。だんだんと、ひとりで考えごとをする時間が増えていきました。

今になって思えば、この**「ひとり時間」が私を育ててくれた**のだと思います。

仲間と連れだっておしゃべりすることは好きですし、楽しいのは確かです。しかし、いつもみんなと一緒の生活をしていると、みんなでいることが当たり前になってしまいます。

長い人生、いつも誰かと一緒にいられるわけではありませんし、取り巻く環境によって、一緒にいる相手はどんどん変わっていきます。周囲に何を言われても、ブレることのない軸を持たないと、一緒にいる相手によって考えがコロコロ変わり、自分にとって本意ではない判断を下してしまうことにもなりかねません。

何か深刻な悩みごとを抱えているとき、周囲に相談する相手がいることはとても大事です。しかし、最終的に決断を下すのは、ほかでもない自分です。軸を持たないと、その決断のせいで不本意な結果になったとき、今の自分が不幸なのは、あの人のアドバイスに従ったからだ、と人のせいにするようになります。

「ひとり時間」は、自分で自分の人生に責任を持つための一つの手段なのです。

私は自分と向き合う時間を多く持っていたからこそ、たくさんの「心のひだ」を持つことができ、「心の基礎体力」を強化することができたような気がしています。

まだまだ日々鍛練《たんれん》中ではありますが、以前の私に比べると、こんなメリットを感じています。

- みんなと一緒にいることの楽しさを、心からありがたく感じられるようになった
- 「ひとり時間」を楽しく有意義に過ごす方法がわかって、寂《さみ》しくなくなった

- 孤独に打ち勝つ強さが身についた
- 周囲に見守られ、助けられて生きている「みんな時間」の大切さがわかった
- 相手の意見を参考にしながらも依存《いぞん》しすぎず、自分の頭で考える強さが培《つちか》われた
- 相手の「ひとり時間」も尊重《そんちょう》できるようになった

あなたは、ひとりぼっちで過ごすのを怖いと感じ、いつもワイワイとにぎやかな環境に身を置いてきたのでしょうか？

それとも、孤独な自分を寂しいと感じながらも、今さら社交的にはなれないと達観して生きてきたのでしょうか？

いつも楽しい仲間に囲まれているから、「ひとり時間」なんて考えたこともない、という方もいるかもしれません。

そんなあなたでも、「ひとり時間」の上手な使い方がわかると、「みんな時間」も「ひとり時間」も、同じように大事にし、もっと楽しむことができるようになります。

「ひとり時間」と「みんな時間」

「ひとり時間」を大事にするということは、人と関わることなく引きこもったり、外の世界と連絡を絶《た》ったりすることではありません。

「アクティブレスト」という言葉があります。

もともとスポーツの世界でよく使われる言葉で、スポーツのあとに休養する際、身体をあまり動かさずに数日間休んでしまうよりは、かえって毎日身体を軽く動かしたほうが疲労回復につながるという考え方です。

同じように、**平日の疲れが溜《た》まっているからといって、家でゴロゴロして週末を過ごすよりは、土日も外に出て活動的に過ごしたほうがリフレッシュできる**、という話もよく聞きます。

私は、「ひとり時間」は「アクティブ孤独」だと考えています。

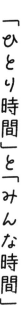

人は誰でも、たったひとりでは生きていけません。日々の「みんな時間」を大切に過ごすのが日常なのは確かです。だからこそ、ゆるく外とつながりながらも、ときおり自分の心の中に、「ひとり」の状態を持ち歩きましょう。

そのことによって、「みんな時間」に依存しすぎることなく、「みんな時間」をより楽しく、有意義に過ごすことができるようになります。

「ひとり時間」は、周囲との一切の関わりを断絶するものではなく、「みんな時間」を大切にするためのものでもあるのです。あわただしい日々の中で、ちょっとした「自分を取り戻す時間」を大事にしましょう、という提案です。

この観点から、社交的で、人と関わったり、おしゃべりしたりするのが楽しい、大好きという方にも「ひとり時間」をときおりつくることを提案します。

「ひとり時間」でじっくり自分と向き合い、考えをまとめて外に出ていく準備をしましょう。ひとりでの準備期間があるからこそ、外に向かって効果的に自分の考えを発信し、仲間を募《つの》って行動することができるのです。

「みんな時間」には「調整コスト」がかかります。**「調整コスト」とは、相手の都合**

に合わせることによって増える、見えないムダ時間のことです。

たとえば休日の朝9時、仲のいい友だち5人と駅で待ち合わせ、レンタカーを借りて箱根まで温泉ドライブに出かけるとします。9時ぴったりに出発できることなんて、なかなかありませんよね。必ず誰かが遅刻してきて、その人を待っているうちに結局9時半出発になってしまった……なんてことはよくあるでしょう。この30分が「調整コスト」です。

「ひとり時間」には、このような調整コストがかかりません。思いついたら、そのときが「ひとり時間」のタイミング。周囲を気にしたり、相手を待ったりする必要はありません。相手がいないことの自由をかみしめることができます。

もちろん、調整コストは集団行動を取る限りは避けられないので、害だというつもりはありません。むしろ、**調整コスト自体を最初から何分と見積もっておいて「ひとり時間」にしてしまおう、と割り切るのも手です。**

「みんな時間」には調整コストがついてくるものだ、と最初から理解しておけば、相手の都合に翻弄《ほんろう》されてイライラすることも減ります。

「調整コスト」と同じように、ムダ時間とならないように気をつけなければならないものがあります。それは、私が**「つながりコスト」**と呼んでいるものです。

SNSが身近になったおかげで、ひとりでいるときもつながりを感じる機会が増えました。ふだんなら会えないような人に会えたり、昔の友人と再び交流できたりと、うれしいこともたくさんあります。

しかし、その一方で、こんな心当たりはありませんか？

仕事が一段落して、15分間だけ、と思って開いたユーチューブなどについハマってしまい、気づいたら1時間たっていた……。

その1時間に思わぬ収穫があることもありますが、振り返るとたいていは、「私、何やってたんだっけ？」とちょっと後悔することが多いのではないでしょうか。スマホに向かっていることは一見「ひとり時間」のようですが、**スマホの先にいる誰かに、知らず知らずのうちに時間は奪《うば》われていき、心も疲れていくのです。**だからこそ、いったん「つながり」を断《た》ち切るタイミングとして「ひとり時間」が必要になってきます。

私は会社員時代、平日5日間のうち4日間は「ひとりランチ」をしていました。

ランチの時間を情報交換の場として、いろいろな人と積極的に交流することを否定するつもりはありません。しかし、前にお話ししたとおり、もともとあまり社交的でない私には、ほかの人とランチをするのは正直苦痛でした。だから、無理をして周囲と合わせるよりも、自由に使える自分の時間を大切にしようと割り切ったわけです。

幸い、私の部署はランチの時間が固定されておらず、ある程度自由が利《き》いたので、レストランのランチタイムがスタートする11時にはさっと外に出て、ランチを30分程度で済ませていました。

残りの時間は何をするのも自由。ランチ後ものんびりできるお店なら、そのままコーヒーを飲みながら本や雑誌を読んだり、思いついたアイデアを手帳に書き写したり。ランチどきに混み合うお店なら、食べ終えたらさっさと近くのカフェへ向かい、そこでのんびりしていました。時にはお弁当を持って、近くの公園で食べたあと、ベンチでボーッと考えごとをすることも。こうしてランチタイムにリフレッシュすることにより、午後からの仕事にも新たな気分で取りかかることができました。

「寂しいから」「他人にどう思われるか気になるから」という理由だけで、自分の大事な時間をムダにしない。ある意味、人の目に鈍感《どんかん》になる。

もしもあなたが週末、人と会う予定を立てているとき、「断ったら悪いな」とか「つき合いがあるしな」という心の声が聞こえてきたら、一度考え直してもいいかもしれません。週末は「人と会わずに自分と一緒に過ごすんだ」と割り切ることで、気持ちがスッキリするときもありますよ。

「ひとり時間」は「みんな時間」を大切に使うためにある

「ひとり時間を大切にしよう」というと、ひとりよがりになってしまいませんか？と聞かれることがあります。

もちろん、まるっ切りひとりで、誰にもなんの相談もなしに、自分の考えで突っ走るのは危険が伴《ともな》います。冷静に、とどんなに思っても、自分を客観的に見つめ直すことは、たったひとりでは限界があるので、周囲からのアドバイスは必要です。

ただし、「困った、どうしたらいいの？」と聞くだけでは、聞かれた相手も情報が限られているため、自分のバックグラウンドをもとにアドバイスをするしかありません。しかも、10人に相談して10人が全部違う意見だった場合、どうしたらいいかが判断できませんよね。

でも、「ひとり時間」を使って考え、「こんな問題があって、原因はこうだと思う。

こうしたいと考えているけれど、どう思う？」という相談の仕方ができるほど自分自身と向き合うことができていれば、より具体的な解決策を相手から引き出すことができますし、自分の考えが間違っていたり、偏っていたりした場合には適切に修正してもらえる可能性も高まります。

のちほどお話ししますが、私は自分の軸を確立する過程で、ランニングという楽しみと出合いました。

ランニングの世界では、「体幹」という考え方を大事にするそうです。

腹筋や背筋など、身体の中心を支える軸を意識して、その軸がブレないように走ることで、安定して、比較的ラクに楽しく走ることができます。

「体幹」を鍛《きた》えないままやみくもに走って「タイムが伸びない……」と悩むのは、せっかくのエネルギーをムダにするようなもの。

ひとり時間もあなたの「心の体幹」を鍛えるための時間です。

走ることで身体の軸を意識することができるように、「ひとり時間」を大切にすることで、自分の大事な軸となる価値観、これだけは譲れないという信念までしっかり持つことができるようになるのです。

自分は何が好きで、何が嫌いか、どんな価値観で動いて、どんなことを絶対しないか。その軸をきちんと定めないと、周囲の意見に左右されてしまいます。自分の決断は、どんなに不本意な結果であったとしても、最後は自分で責任を取らなければいけないのです。

腹をくくることができていれば、まったく違う意見がいろいろなところから出てきても気持ちがブレることなく、信じたとおりの道を進むことができます。

つまり、ちょっと難しくいうと、仮説を立てる時間が「ひとり時間」、そして仮説を検証していく時間が「みんな時間」です。**「ひとり時間」は、「みんな時間」を大切に使うための手段でもある**のです。

「いちいち気にしない自分」になれる

〈「週末ひとり時間」の効用①〉

「ひとり時間」は、丈夫な心をつくるための時間だと考えています。なぜなら、まわりの目を気にする自分から解放される時間だからです。

ひとりが寂しい、休みの日に何も予定がないのが寂しい、友だちから連絡がこないのが寂しいと思ってしまう人は、もしかしたら、本当は寂しいのではなく、「寂しい人だと思われるのがイヤ」だったり、「誘いを断ってつき合いが悪い人間だと思われるのがイヤ」だったりするだけかもしれません。

たとえば、ひとりでレストランに入るのが苦手という方がいますが、これは寂しいからではなく、「ひとりでご飯を食べにくるなんて、何かあったのだろうか？」と、店員さんや店内のお客さんに邪推《じゃすい》されるのが嫌いなだけのことが多いのです。

ところが、**じつは自分で思うほど、人は他人のことなど気にしてはいません。**

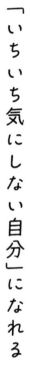

ちょっと前髪を切りすぎてしまったり、眉毛《まゆげ》を抜きすぎてしまったり、あごに大きなニキビができてしまったりしたとき、必要以上に気にして、自分からわざわざその事実を人に話したりしがちです。でも、相手はそれを聞いてはじめて、「あ、そういえばそうだね」と気づくものです。

言わなかったら、そのまま気づかれずに済んだのに、わざわざ自分の格好悪いところをさらしてしまうのは、「最初に相手にそう思われたくない」と自分を守るために予防線を張っているにすぎないのです。

気の合わない友だちからの誘いを断れず、食事をする場合もあるでしょう。でも、そうやって「イヤだな」と思いながら過ごす時間は楽しめませんよね。

あなたの時間は、そのままあなたの命。あとで「しなきゃよかった」と思うくらいなら、ひとりで過ごしたほうが潔《いさぎよ》いと思いませんか？ 「ひとり時間＝寂しいもの」とは、一概にはいえないものなのです。

誰だって、自分のイヤなところからは目をそむけたいもの。

たとえば、ＴＯ ＤＯリストを書き連《つら》ねたのに、まったく達成できなかった日。「どうして私は、自分で決めたことも達成できないのだろう？」と落ち込むこともあるでしょう。

しかし、予定を達成できなかった自分から、目をそらしてはいけません。あえて、悪いところをじっと見つめ、反省すべき点をきちんと分析し、改善していくことが大事です。

「ひとり時間」でじっくり考える時間をつくると、さまざまな感情が湧《わ》いてきます。その感情としっかり向き合い、生まれてくる感情から目をそむけず、仲よくつき合うようにしてください。

おそらく、自分のいいところだけでなく、弱さ、ずるさなど、イヤなところも見えてきます。でも、これを見ないようにするのではなく、向き合うのです。

人間ですから、頭にくることもあるでしょう。そんなときも、ただ「頭に来た！」などと発散して終わるのではなく、「どんなときに自分は頭にくるのか？」「どういう状況で頭に来たのか？」を冷静に分析してみるのです。そうすると、「ひとり時間」から離れて誰かと会話しているときも、相手が今、どんな状況でその言葉を発しているかを察《さっ》することができるようになります。

その結果、「この人はきっと寝不足で疲れているんだろうな」「何か家庭でイヤなことでもあったのだろうな」「そういう価値観で長年生きてきたから、違う価値観を許せないんだろうな」などと、寛容な目で相手を見ることができるようになります。

気の合う相手にグチを言って、「そうだよね、頭にくるよね」と共感してもらっても、その場のストレスは発散できますが、根本的な解決にはなりません。逆に、グチをこぼした相手に「いや、そこで頭にくるのはおかしい。あなたが悪い」と言われたら、つい、カッと反応してしまうでしょう。

そうならないためにも、「ひとり時間」で自分の正直な感情と向き合うことが大事になってくるのです。

悩みを他人に相談したとき、グチをこぼしたとき、否定的なことを言ってしまったとき、「そんなことないよ」と励まされることも多いと思います。でも、そこで安心していてはいけません。弱い自分もそのまま、まるごと受け入れたとき、じゃあ、その弱い自分を強くするにはどうしたらいいか、とはじめて前向きになれるからです。

そういう「リセット」こそ、週末ひとり時間の有効な使い方なのです。

うまくいく「自信」がつかめる

〈「週末ひとり時間」の効用②〉

私が経営する会社名は「株式会社 朝6時」。社名のとおり、事業として早寝早起きを推奨してきました。

早起きが好きな理由は、意思を持って挑戦することで得られる達成感を、毎日味わえるからです。

どんなにつらい夜を過ごしていても、新しい朝は誰にでも平等に訪れるもの。つまり365日、挑戦する機会が与えられているのです。

だからこそ、寝る前に決めた「早起きするぞ!」という目標を次の朝クリアしていく経験を日々くり返し、ちょっとした「プチ成功体験」を重《かさ》ねていくことで、「自分だって、やればできる」という自信が生まれるのです。

未来の自分は、日々の生活の積み重ねでできあがります。

「ひとり時間」をきちんとつくり、自分の頭でしっかり考え、自分の基準に照らし合わせて納得した週末を過ごすことができれば、それも「プチ成功体験」になります。

これを積み重ねることにより、自分のことを徐々に認められるようになってきます。

「自分探し」と称して多くの自己啓発本を読み、成功法則のセミナーに通い続ける人がいます。そのこと自体を否定はしません。しかし、依存しすぎるといつの間にか、その本、そのセミナーの講師がいなければ問題解決ができなくなってしまいます。

せっかく学んだ教えも「ひとり時間」できちんと消化できなければ、いつまでたっても新しい自分は見つかりません。自分の答えは、自分が一番よく知っているもの。依存しすぎず、自分と向き合い、未来の自分をプロデュースしていきましょう。

たとえば、何か壁にぶつかったとき、とりあえず無難にその場を乗り切ったとしましょう。でも、「ああ、よかった」とホッとしたあとで、その原因をきちんと検証しなければ、似たようなことがくり返される可能性があります。

さらに気をつけなければいけないのは、「こんなピンチがあった」ということ自体を覚えたとしても、まるっ切り同じ状況など起こりえないということです。

大切なのは「どのようなピンチがあったか」ではなく、「どうしてそのピンチが起きたか」のはず。「どうしてこんな問題が起こるのか？」と、原因の根本を退治しないことには、いつまでたっても同じトラブルに巻き込まれることになります。

「どうして」を押さえることができれば、まったく同じトラブルでなくても、「これは過去に経験したあのパターンと似ているな」と頭が働き、対処できるようになるのです。

ただし、「どうして」は、考えるのにより時間がかかるので、取りかかるのが難しいもの。そんなときこそ、まとまった「ひとり時間」を持つことが大切になってきます。


「ゆでガエル現象」という言葉を知っていますか？

ゆるやかに温度が上がる水の中にカエルを入れると、温度の変化に気づかないうちにゆであがって、死んでしまう。これと同様に、人や組織もゆっくりした環境の変化には気がつきにくく、最終的には致命的な状況にいたってしまうことのたとえ話です。

「ひとり時間」は、ゆでガエルにならないためにも大事な習慣です。

同じ毎日をくり返していくと、「どうしてそれをしているのか？」「ほかに別の形はないのか？」など、いちいち気にならなくなります。それはラクなことではありますが、ラクなぶん、少しずつ環境が変化しているのに気づかずに、ただ漠然とした不満感だけが積もっていくことになります。

ですから、**「ひとり時間」を使ってあえて「他人の目」で見て、「そもそも、これってなんのためにやっているんだろう？」「このやり方で本当にいいのかな？」と、立ち止まって考え直す機会にするのです。**

たとえば、会話や思考回路が似ていて、「あ・うん」の呼吸でわかり合えてしまう、いつもの仲よしグループがいます。そういう仲間とは、ちょっとしたことで「あれ、ヘンだな」「この人と考えがちょっと合わないな」と思っても、「仲よしの関係を崩《くず》したくない」「なんかモヤモヤするけれど、なぜかははっきりしない」という理由から相手に気を使い、相手の耳に心地よい話しかできなくなり、心に「モヤモヤ」を持ったまま、なんとなくつき合ってしまうことがあります。

そんな共通言語、同じ価値観の集団に慣《な》れすぎている自分から一歩離れて、本当の心の声を聞くことができれば、「なんとなくヘンだな」と思ったときに、どうしてヘンだと思うのか、自分はどう行動すればいいのか、相手にどう伝えれば気持ちよくわかってもらえるのか、を客観的に考え直すことができます。こうしたちょっとした違和感を発見するのも、「ひとり時間」の有意義な使い方です。

いうならば「棚卸《たなおろ》し」の時間。これは、一定の孤独をへないとできません。誰もあなたの頭の中をこじ開けて助けることはできないからです。また、誰かと関わっている間は、感情と思考を区別することは難しいからです。

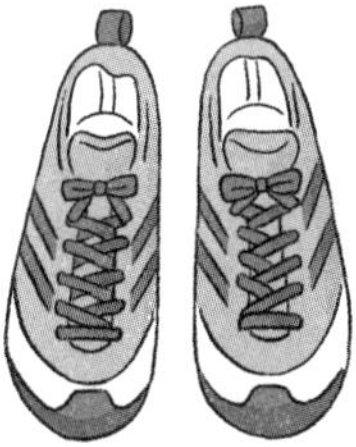

心の落ち着きが手に入る

〈「週末ひとり時間」の効用③〉

「ひとり時間」をうまく取ることができるようになると、想定外の出来事に心を乱されることがなくなります。

たとえば私は、用事があるときは、基本的に30分以上の余裕を持って現地に向かいます。目的地に早めに着いて、近くのカフェなどでゆっくり心を落ち着けたり、周囲の公園や町並みを散歩したりするのが好きだからです。近くにカフェがなさそうなエリアなら、あらかじめネットで場所をリサーチしておくようにしています。早めに現地に着くため、突然の電車遅延や渋滞《じゅうたい》であわてることはほとんどありません。

先日はラジオの生放送に出演するために向かっていた途中で、人身事故のために電車が止まってしまいました。ですが、早めに出ていたおかげで、番組に穴を開けずに済みました。

「30分前行動をしようとしても、今やっていることが終わらない！」と思う場合でも、今は電源を完備しているカフェは多くありますし、電子機器のバッテリーの寿命も延びました。簡単なメールの送受信やネットの確認なら、スマホで済ませることもできます。

現地の近くで、それまでやりたかったことをすればいいだけですし、ひと息つき、落ち着いて周囲を見渡す余裕があれば、次の用事も抜かりなく進められます。

30分前に待ち合わせ場所に着けるように、その前の用事も逆算して進めることを習慣化すれば、無理な予定を組むことも防げますし、「30分前行動」という意識が頭にあることによって、段取り力も磨かれるようになります。

週末、友だちや恋人と予定があるときも、待ち合わせの30分前に現地に行って「ひとり時間」を取ってみるのはいかがでしょう。家族と出かける場合は、出発30分前準備を心がけて、準備ができたら30分だけでも「ひとり時間」を過ごしてから出発すれば、時間がない、計画どおりいかない、というイライラからも解放されますよ。

ふだんからここまで準備をしておく習慣があると、気持ちに余裕が生まれるので突発事故にも落ち着いて対応することができます。予想外のことに十分な時間で対応する術《すべ》を身につけると、自分の思いどおりにいかない出来事にイライラしたり、何かに八つ当たりしたりすることもなくなり、周囲に優しくなれます。

昔の自分を今思い返すと、時間の余裕がないばっかりに、必要以上にイライラ、カリカリしたり、あわてたりすることが多々ありました。

平常心が保てないから、ありえないような凡ミスをしてしまう、それにあわててさらにミスを重ねる、という負《ふ》のスパイラルに入ってしまっていたのです。

そこで、**「どうして私はこんなにイライラしてしまうんだろう？」**と、**「ひとり時間」で考えるようにしました。**そこでわかったのは、あわてるときは必ず、たくさんの出来事を同時進行でやらなければならないときだったり、急に変更した予定に対応しなければならないときでした。

「自分の苦手分野は、同時進行と突発的対応だ！」とわかったからこそ、人よりも余裕を持ち、同時進行するための手はずを整え、突発的対応をなるべくせずに済むよう、段取りを組むようになったのです。

すると不思議なことに、心の落ち着きまで手に入っていることに気づきました。

また、私の場合、物事がうまくいかなかったときには必ず、「見栄」がありました。「本当の自分はこんなもんじゃない。もっといいところを見せたい」というおごりと、その一方で「大口をたたいたけど、本当にできるかどうか、今ひとつ自信がない」という不安の、境目《さかいめ》にいるときにあせりを感じました。

このあたりまで自分の「あわてポイント」を分析できると、「じゃあ、それを克服するためにはどうしよう？」と解決策を考えられるようになります。

解決策が見えるから、克服するための努力をするようになります。努力さえきちんとしていれば、人にどう思われようが、何を言われようが気にならなくなりますし、自分はこれだけやったのだから、結果がどうであれ、言い訳は一切しないし、できない……と、結果に対して納得し、責任を負うことができるようになります。

頑張ってもうまくいかない――そう思ってしまうときは、頑張る前の「考える」時間が足りないのです。

私自身もまだまだ、反省する部分はたくさんありますが、**「ひとり時間」で自分を冷静に見つめることができるようになると、あせりからつい間違えた行動をして、反省する、という回数がだんだん減ってくる**ことを実感できます。

「立ち止まってみる」練習に

〈「週末ひとり時間」の効用④〉

私には、考えることに疲れてしまって「もうどうでもいい！」とか、「もうイヤだ！」と投げ出しそうになったとき、自分に問いかける質問があります。

それは**「〝洗い場〟に逃げていないか？」**という問いです。「洗い場」とは、飲食店用語で食器を洗う場所のことを指し、「洗い場担当」というと、食器を洗う担当の人を意味します。

私は、外食・宅食・農業・環境事業を展開する「ワタミ」に新卒で入社しました。最初の1年は東京都心の繁盛店勤務でした。いつもお客様が並んで入店待ちをしており、とくに毎週金曜日の夜は嵐のような忙しさでした。

さらに洗い場は、宴会《えんかい》が終わったあとはまるで戦場です。手早く食べ残しを処理し、大きな汚れをさっと流し、食器洗い機に整然とお皿を並べていかないと、どんどん溜まっていき、収拾《しゅうしゅう》がつかなくなってしまいます。

一方で、その持ち場では機械的に身体を動かしていれば、時間はあっという間に過ぎていきます。キッチンのほかの場所では料理の段取りを考えたり、アルバイトさんに指示を出したりする必要がありますが、洗い場はただ黙々とお皿を洗えばいいだけ。私にとっては、一生懸命仕事をする「ふり」ができる格好の場でした。

つまり、「私は仕事をしている」と自分をだます逃避手段としていたのです。こうして、忙しいときに矢面《やおもて》に立たず、とりあえず身体を動かしていることで自分を甘やかしていました。

そんな私の行動を見抜いていたのでしょう。ある日、店長にこう告げられました。

「君はもう、毎週金曜日は休みでいい」

金曜日という、お店の売り上げを左右する一番大事な日に、社員である私がこなくていい。つまり、戦力外通告を突きつけられたわけです。それほど、私はいてもいなくてもいい存在だったのです。

副店長には、「店長に金曜日にこなくていい、と言われたことをもっと悔しがらなければいけない。金曜日にいないと困る、と言われるようになるように」と諭《さと》されました。

今の私なら、ここで「なにくそ！」と頑張ろうとしたでしょう。しかし、当時の私は内心ホッとしてしまいました。あの地獄のような忙しさから逃れられるのはラッキーとすら思っていました。

今でもこれを思い出すと、胸の奥から苦いものがこみあげてきます。つらいことからすぐに逃げて、とりあえず身体を動かすことで働いたふりをしているというずるさ、自分が必要とされていない事実を受け入れるのがつらすぎて、「ラッキー」という言葉でごまかそうとしていた気持ちを思い出すからです。

つらいことから逃げ出すことが、必ずしも悪いわけではありません。

しかし私は、逃げ出してひとりきりになったところで、**「今の行動は〝洗い場〟への逃げだろうか？」**と自分に問いかけ、立ち止まってみることにしています。

そうすると、「ここは、もうちょっと踏ん張りどころかもな」などと前向きな気持ちになることもできます。これは「ひとり時間」があってこそです。

さらに昔にさかのぼりますが、私が大学生だったころの1990年代後半は、インターネットがパソコンマニアの人から、一般の人にも普及し始めた時期と重なります。

当時は、まだ海のものとも山のものともわからなかったインターネット。一次情報をネットから得て、それを信じてそのまま引用するということに心理的な壁がありました。そもそもネットは信頼できないものだ、という意識もありました。

ネットショップはそのころも数社ありましたが、ネットで買い物をするなんて、個人情報が漏《も》れるのでやめておいたほうがいいかなと考えていましたし、ネットにアップされているグルメ情報も、誰が書いたかわからないものなので信用できない、と考え、雑誌やテレビの情報のほうが信頼できると考えていました。

今は評価の仕組みも整備され、信頼に足る情報がたくさんアップされています。ネットから得られる情報は玉石混淆《ぎょくせきこんこう》のものが多いというのは昔も今も変わりませんが、ちょっとした調べ物はネットで済ませられるようになりました。おいしいと評判の飲食店も、今はグルメサイトや自分が信頼している方のブログで知ることが多くなり、いつしかグルメ情報誌を買わなくなりました。
また、ユーチューブなどで、ジャーナリストや芸能人、著名人の情報を、本人から直接、そのままの言葉で知ることができるようになりました。つまり、今までマスメディアを介すことでしか得られなかった情報を、直接得られるようになったのです。

しかし、こんな時代だからこそ、気をつけなければいけないことがあります。ネットで得た意見が、まるでそのまま自分で考えたことのように勘違いしてしまうことがあるのです。

検索結果を読むだけ、影響力がある人の言葉を聞くだけで、誰もが「にわか専門家」になりえてしまう恐ろしさがあることを、心にとどめておく必要があります。手っ取り早く得た情報は、「ひとり時間」でいったん立ち止まって吟味《ぎんみ》しない限り、理解したことにはならないのです。

たとえば、Q&Aサイトで評価が高かった回答だからと、その情報を安易に人に伝えてしまうことには危険が伴います。その回答は、あくまでも「評価が高かった」だけで、「正しい」情報とは限らないからです。信頼できる人の情報は確かに便利だし、安心ですが、自分で確認できる情報を自分の足で探し、判断する軸を作ることが難しくなってきているような気がします。

また、発信元をチェックしないまま、間違った情報を拡散してしまうことも増えています。私も一度、Ｔｗｉｔｔｅｒ（現Ｘ）上で、「今日は、映画『バック・トゥ・ザ・フューチャー』の主人公マーティが未来にタイムスリップした日です」というツイートを、正しい情報かどうか確かめないままリツイートしてしまい、あとで間違いだと気づいて恥ずかしい思いをしたことがあります。

情報があふれている今の時代だからこそ、源流をしっかりたどり、自分の頭で物事を考え、判断する手段として「ひとり時間」を活用する必要性が出てきているのではないでしょうか。

「ひとり時間」を意識的につくることで、自分の頭で考える訓練をしていきましょう。

「ちゃんと考えればわかるのに、なんでこんなことをしちゃったんだろう？」といった悩みは、「ひとり時間」をつくることで解消されます。

あふれる周囲の情報をあえて遮断《しゃだん》して、本質を見つめる力を取り戻す——。

これも「ひとり時間」ならではのメリットです。

2章

本当に「やりたい！」のはどれ？

「書き出す」ところから
何かが動き出す

頭の中の「モヤ様」を書き出すだけでちょっとスッキリ

「ひとり時間」のいいところは、頭の中のごちゃごちゃを「見える化」できることです。

プライベートなことはもちろん、仕事のことまで週末に考えてしまうことってありますよね。「銀行振込をしなければ」「来週中に提案書を出さないといけないんだ」と、なんとなく気になりながら、なんだかんだいって処理できていないものを、私は頭の「モヤ様」と呼んでいます。頭がモヤモヤしてしまうからモヤ様です。

モヤ様は日々生まれては消えるものです。ちょっとしたモヤ様はその場で片づけるのが一番ですが、モヤ様が気になりすぎて、ほかのことが手につかなくなっては本末転倒です。

モヤ様は、「とりあえず」と「あと回し」をエサにして成長します。

「とりあえず」「あと回し」という言葉が一瞬でも思い浮かんだら、モヤ様は喜んであなたの頭の中に居座ってしまいます。モヤ様が居座ったままだとどうなるか？　頭の余白が食い荒《あ》らされ、物事をしっかりと考える余裕がなくなります。

だから私は、定期的にモヤ様を紙に書き出して、頭の外へ追い出すようにしています。

「やらなきゃいけないけど、まだやってないモヤ様」のほかにも、「理由がわからないけど、なんとなく気になるモヤ様」もあります。

みんなで一緒にワイワイ騒《さわ》いでいるとき、なんとなく気分が乗らないとか、なんとなくこの人と考えが合わないといった「なんとなく」は、なかなか言語化できないものです。

誰かと一緒のとき、私たちは、自分自身の心の動きより、その場のコミュニケーションに意識を集中してしまいます。相手の気持ちを思いやり、時には自分の心の声や本音を押さえて、その場を取り繕《つくろ》うこともあるでしょう。

つまり、誰かと一緒のあなたは、いくら「素《す》」でいようとしても、ある程度「よそゆきの自分」になってしまいます。一方、「ひとり時間」のときのあなたは「素の自分」。誰に気を使う必要もないので、自分の中にある心の叫びや、直したいところなど、人前では心の奥底にしまい込んでいるモヤ様に気づきやすくなるのです。こんなときこそ、紙に書き出すことが有効です。

モヤ様整理はPCやスマホでももちろんできますが、私がおすすめするのはあえて紙のノートや手帳に、手で書くことです。PCやスマホを使うと、どうしても「書く」に集中できず、調べ物をし始めたり、ユーチューブを見てしまったり、メールチェックをしてしまったりするので、たちまち「ひとり時間」が侵食《しんしょく》されてしまいます。ノートや手帳への記入だけに集中する「ひとり時間」を意図的につくっていきましょう。

電子機器にはないノートや手帳のよさは、大きく3つあります。

①思いついたアイデアを、起動時間や電池の消耗を気にせずに書き込める
②手書きの文字のほうが、そのときの記憶や感情と結びつきやすい
③多機能に惑《まど》わされず、集中力を維持できる

最近の電子機器はどんどん使いやすくなっていますが、それでもパスワードを要求されたり、クリックしたりなど、書き始めるまでにしなければいけない工程がいくつもあります。でも、手書きなら、手帳とペンを取り出したらすぐに記入できます。

また、電子機器の文字は一定のフォントで淡々《たんたん》と綴《つづ》られていくのに比べて、手書き文字には筆跡《ひっせき》があります。あとで振り返ったとき、筆跡から当時の状況や感情を思い出すことができます。

PCやスマホはもちろん便利ですが、なんでもできてしまうがゆえに、かえってその機能に翻弄されてしまいがちです。ただ、「書くしかできない」環境に自分を置いたほうが、周囲に惑わされずに高い集中力を保てるのです。

こうして、頭の中の「やらなければいけないこと」「なんとなく気になること」を、きちんと整理し、考える時間を意識的に持つことをおすすめします。

では私の場合は、どのように自分の中のモヤ様と向き合い、味方にしているかというと、平日はあわただしくてついあと回しにしたり、違和感があったのに見逃してしまったりすることを、改めて考えるようにしています。
具体的には、次のような項目を書き出すようにしています。

- あのとき愛想笑《あいそ》いしちゃったけど、本当はどう言い返せばよかったのかな？（心で感じた違和感を言語化）
- 観たいとずっと思っていたけど、観ていない配信ドラマのリストアップ（ただの衝動《しょうどう》か、本当に観たいものかの整理）
- 原稿執筆のための調べ物など、手をつけたほうがいいけど、なんとなく所要時間が読めなくてあと回しにしていることの時間見積もり（全体像が見えないから不安で気が晴れないことの解消）

「こんな細かいことまで書く必要があるのかな？」「こんなことできるのかな？」など考える必要はなく、気になったことはとにかく全部書き出します。頭の中を絞《しぼ》り切るようなイメージです。

あとは1週間、折に触れてこの「週末モヤ様リスト」を眺《なが》め、終わったものを赤線

週末「モヤ様」リスト

「とりあえず」と「あと回し」をスッキリさせる

例）あのとき、本当はどう伝えれば
よかったんだろう……

例）本当は行きたくないお誘いを
どうやって断ろう……

例）リビングを早く片づけなきゃ……

・

・

・

・

・

・

頭の中にある「気になること」をどんどん書き出していくと、優先度がより明確に！

でどんどん消していったり、さらに必要になった作業を追加したりしていけば、それがそのまま、あなたの頭の中を言語化してくれます。

ひとまず書き出すことで、**「なんだか知らないけどモヤモヤする」「やらなきゃいけないのに放置している」と頭の中に置きっぱなしになっていた負担が減り、頭の中がスッキリします。**

これを習慣化すると、「あれもしなきゃ」「これもしないと」「時間がいくらあっても足りない！」とあせっていた自分を、一歩引いて見ることができるようになります。一見山積みになっているように思えたことが、じつはそうでもないことに気づいたりもするのです。

「週末スッキリリスト」を色分けするとうまくいく

紙に書き出すだけで、頭と心のごちゃごちゃが不思議と片づくもの。

これだけでも「やってよかった!」と思えるものですが、ちょっとしたプラスアルファを加えるだけで、「これまで気づかなかったことに気づく」方法があります。

というのも、紙に書き出したものを、次の4色で色分けしてみるのです。

- 「収穫」の緑
- 「種まき」の赤
- 「間引《まび》き」の青
- 「塩漬け」の黒

このどれにあてはまるかを意識して、それぞれの色をつけていきます。すると、自分がどんなことでいっぱいいっぱいになっていたのかが、よりわかりやすくなるのです（「塩漬けの黒」が多い人は要注意！）。

色分けの基準は人によって異なってくると思いますが、私の場合は次のとおりです。

- 仕事に関わることは、「収穫」の緑
- 家族や親友、メンターなど、自分にとって大事な人に関わることは、「種まき」の赤
- 家事や美容院など、環境を整えるために必要なことは、「間引き」の青
- 自分でなくてもできることや、仕方なくやらざるをえないことは、「塩漬け」の黒

このルールに従って、たとえば「ランチの予定」を色分けしてみましょう。

大事な仕事に関わる人とのランチは「収穫の緑」、親友や家族、メンターなどと行くランチは「種まきの赤」、つき合いで仕方なく行くことになったランチは「塩漬けの黒」……といった具合に色分けできます。

色分けが習慣になると、書く段階でその予定の重要度や緊急度などを意識して判断できるようになります。つまり、モノならぬ「コトの断捨離」を日々トレーニングしていることになるのです。

〝断捨離〟とは、「家のガラクタを片づけることで、心のガラクタをも整理して、人生をご機嫌へと入れ替える方法」（やましたひでこ『新・片づけ術　断捨離』マガジンハウス）のことですが、時間を考えるときにも有効なヒントになるのです。

最初は色分けを覚えるのに苦労したり、「これは何色だろう？」と迷って立ち止まったりすることもあるかもしれませんが、いったん覚えてしまうとラクになります。私も今では、アポの電話やメールが入ると、瞬時に「これは赤だな」「緑だな」「黒だな……」と判断できて、その色に応じた対応も可能になりました。

色分けで整理すると、メールでも即対応すべきものか、少し時間をかけるべきかなど、スピードの差も色で見えるようになってきます。すると、物事の判断スピードが速くなるので、結果的に自分の時間、「ひとり時間」が増えます。

捨てるという作業は、自分の本当に大事なものを探る、価値観を改めて確かめる手段となります。だから、色分けで毎日それを訓練していくうちに、研《と》ぎ澄《す》まされてくるものなのです。予定の色分けは、毎日、自分の人生において本当に重要なものは何かを考える、ちょっとした練習にもなるのです。

慣れてくると、シンプルに、自分にとっての重要度で周囲の状況を判断できるようになるので、気持ちがラクになります。予定をスケジュール帳に記入するような際も、「とりあえず書いておくか」と考えて「モヤ様」を登場させることも減るので、判断力、瞬発力も身についてきます。

私の場合は、毎週月曜日の朝、次の項目を「週末スッキリリスト」と称して書き出す「ひとり時間」をつくるようにしています。月曜日の朝はあわただしく、ゆっくり書けない場合は、週末の30分ほどを使ってノートに書き出してみるのをおすすめします。

- 連絡したい人
- 今後進めたいプロジェクト
- 将来やりたいこと
- 提出する課題
- 読みたい本／資料
- その他スッキリさせたいこと

この「週末スッキリリスト」を4色に色分けして、物事の優先度を測ることを習慣としています。

ちょこっとひとり時間に
おすすめの「朝のひとこと日記」

週末は、友だちや家族と過ごすのでなかなか「ひとり時間」が取れない。そんな方におすすめなのが、朝、ちょっとしたスキマ時間でできる「朝のひとこと日記」です。

「朝のひとこと日記」とは、ノートや手帳に、「今日一日がどんな一日になったらいいかな？」と未来を予測して書く日記です。「まだ実現していない半日先の未来を、あたかも実現したかのように書く」のがポイントです。

普通は日記というと、その日にあったことを夜に書くものですが、この日記は朝に書きます。朝、「こんな一日の終わりだったらうれしいな」という内容を「ひとことだけ」書いてみましょう。ひとことだけなので、忙しい朝でもすぐに書けます。朝、自分の理想の一日をイメージする「ひとり時間」をつくることで、一日のスタートを

週末・朝のひとこと日記

「リアルな未来予測」をやってみる

例）○月5日（土）　部屋をスッキリ模様替えした

例）○月6日（日）　間食をやめたら0.3キロやせた

月　日（　）＿＿＿＿＿＿＿＿

月　日（　）＿＿＿＿＿＿＿＿

月　日（　）＿＿＿＿＿＿＿＿

月　日（　）＿＿＿＿＿＿＿＿

月　日（　）＿＿＿＿＿＿＿＿

月　日（　）＿＿＿＿＿＿＿＿

週末の朝、「半日先の未来」を想像して、あえて過去形で書くことで実現力アップ！

そのゴールに向けて過ごそう！　という気持ちになります。
　ステップは、次の2つです。

①朝、理想の一日を想像して、半日先の未来を「過去形」で書く
②夜に見直して、達成できたら「」（はなまる）をつける

　書く内容は、ちょっと頑張れば半日以内でクリアできることにしましょう。「巻き肩を直す体操ができた」「腹筋を50回できた」「間食やめたら0・3キロやせた」といったような、ちょっとしたことでOK。「5キロやせる！」といった大きな目標だと、毎日頑張らないといけないので負担が大きいですが「半日だけ間食をやめたら0・3キロやせた」なら頑張れそうな気がしませんか？
　一歩踏み出せずにいることや、「こうなったらいいな」を朝に書くと、一日の行動が少しだけ変わります。その積み重ねが大きな変化につながります。朝と夜、ちょっとだけつくった「ひとり時間」で、毎日が少しだけ楽しくなりますよ。

「そもそもそれをやるべき？」でチェック

「私はいつも仕事が忙しいし、家事もたくさん抱えているし、とても『ひとり時間』なんて取れない」と思っている方は、一度、自分がやっていることを「これで本当に正しいのかな？」と素朴《そぼく》な目で見直すことをおすすめします。

私がこれに気づいたのは、コンサルティング会社に勤めていたときでした。

私は、自社のコンサルタントがクライアント先で使用するプレゼン資料などを作成するバックオフィス業務についていたことがあります。

通常、プロジェクトは、3～7人のコンサルタントと、バックオフィスのスタッフがチームを組んで進めます。

あるとき、私が作成した1つの資料に、4人のコンサルタントから個別に、それぞれ異なる修正指示が入り、いったいどこからどう手をつけていいのか、優先順位をつけることができず、あわててしまったことがありました。

自分ひとりでは無理だと思った私は、先輩に「すみません、このままでは間に合わないので、どうしたらいいか教えてください」と助けを求めました。

そのとき、先輩が取った行動は、「人」（コンサルタント）ではなく「修正箇所」（資料）に注力するという方法でした。

誰がどの修正を指示してきたかはいったん置いておき、修正指示を一つずつ反映していきます。そして、すべての修正が完了した資料を、コンサルタントのリーダーにチェックしてもらうようにしたのです。

私は、修正を指示してきた複数のコンサルタント一人ひとりにチェックをしてもらおうと思っていたから間に合わない、とあせったのですが、このようにやり方を変えたら作業が劇的に早く終わり、なんとかプレゼンの時間に間に合わせることができました。

そして私は、「いつもやっていることだからと何も疑問を持たずに、同じやり方をそのまま続けようとしたんだ」と、ハッとしました。毎回、修正指示をした本人に資料を戻すという作業をくり返してきたため、このような緊急時の突発変則ワザを思いつかなかったのです。

「確かな資料を、プレゼンに間違いなく間に合うように届ける」という大きな目的を忘れなければ、今まで惰性《だせい》でやっていた作業はもっと効率化できるのだ、と気づいた瞬間でした。


このように、いつもの流れ作業で考えずに流していると、「できない」と固まってしまうことがあります。だからこそ、あわてずに「この作業をする本当の目的は何か」を考えることが重要です。それを考えるのが「ひとり時間」です。

「ひとり時間」を使ってシミュレーションして克服するようにしたところ、とっさに本質を見抜く目が徐々に磨かれてきたように思います。

ホントに「時間はない」のか？

一日は24時間ですが、当然24時間すべてが自分の時間ではありません。ですから、一日のうちにどれだけ「ひとり時間」を確保できるのかを最初に把握しておけば、その時間は1分1秒たりともムダにできなくなります。

「時間がない！」とあせる原因の一つに、自分が自由に使える時間をしっかりと把握していないことがあげられます。

私の場合は、平日の例にはなりますが、始業前の1時間が自分の集中力が最大になる一番の「ひとり時間」だということがわかっているので、その時間を確実に確保できるよう、寝る前の時間、朝の時間は、なるべく一定のリズムで過ごすよう心がけています。

ある平日のスケジュールです。

前日

21：00　息子就寝、片づけ
21：10　目標起床時間と、朝起きてからすべきことを手帳に書き、翌日に着る服を前もって準備する
21：15　目の上に温かいアイマスクを装着して就寝。

当日

4：00　起床、SNS上に朝の挨拶《あいさつ》をアップ
4：15　化粧《けしょう》や身支度を整える
4：30　手帳記入タイム
5：00　朝活コミュニティ「朝キャリ」メンバーとZoom朝活
6：00　お弁当や朝食の準備
6：30　家族との対話タイム
7：30　家を出る
8：15　オフィス近くのカフェに入り、9時まで「ひとり時間」を過ごす
一日の予定を考えたり、手帳を見直したり、読書をしたり……

このように、細かくスケジュールを区切って行動することで、テキパキと物事が進み、私にとって大事な始業前の「ひとり時間」の時間帯を、有意義に使うことができています。

私はかつて「図解化コンサルタント」として、クライアントへのプレゼン資料作成代行やアドバイスのほか、思考整理やコミュニケーションの円滑化、目標達成の手段として図を活用する方法もお伝えしていました。

現在はプレゼン資料作成のスキルを活かして企業研修を行なったり、ユーチューブで発信したり、朝活コミュニティ「朝キャリ」でプレゼンスキルや資料作成の秘訣をメンバーに伝えたりしています。この仕事をしていて実感するのは、時間管理についても「図解の力」は強力だということです。

モヤモヤして堂々めぐりになりがちな考えをいったん外に吐き出し、図に当てはめてまとめると、思考の流れが交通整理されます。

休日の場合でも、時間がない、あれもこれもやらなければ、といろいろと溜まっているとき、「どのくらい時間がないのか？」「何に時間がかかっているのか？」「空《あ》いている時間はどのくらいあるのか？」をまず書き出してみることをおすすめします。「ぼんやりとスマホに向かう時間が長い」「あせって時間がないと思い込んでいるのかもしれない」などと、書き出していくうちにわかるようになります。

一日のうち、何にどのくらい時間をかけていて、どこで「ひとり時間」を確保できるかを「見える化」するのにおすすめなのが、円グラフです。

円グラフに1時間ごとに目盛りをつけ、自分の生活パターンを見直してみましょう。○時から○時に掃除、○時から○時までは食事、など、細かくパターンを記入していくと、「スキマ時間」がどこにあるか、どこを短くすれば「ひとり時間」が確保できるかがだんだん見えてきます。

コツは仕事もプライベートも一緒に記入してしまい、自分の抱えていることをすべて書き出してしまうことです。

このことによって、自分のすべきことのボリュームを客観的に見つめることができます。この作業をすると、

「忙しいとあせっていたけれど、じつはそうでもなかった」
「順番どおりに確実にやっていけば、なんとかなりそうだ」
「このタイミングでしっかり『ひとり時間』をつくれば、乗り越えられそうだ」
というようにきちんと把握できるようになります。

ここであげた円グラフの例のように、図解のテンプレート（ひな型）に沿って記入していく、というと、「型にはめられている」ようで、面白みがないとか、創造性がないと思うかもしれません。

しかし、私は逆に、あえていったん型にはめることによって、創造性を発揮することができると考えています。

考えがまとまらないうちに、「今からこのことについて考えよう」と思っても、思考があちこちに飛んだり、堂々めぐりで同じことを考えたりしてしまいます。そんなとき、自分で自分に質問できるのが「図解」なのです。

まずテンプレートという「型」に書き込んで、散漫《さんまん》な考えを整理整頓してみる。そうやってあえて型にはめてみると、面白いことが起こります。今まで堂々めぐりで解決できなかった問題についての、具体的な解決方法が見えてくるのです。「どうしよう」と迷うよりも先に、まず「この空欄を埋めよう」という思考に変わるので、いろいろと考えすぎて動けない、ということがなくなります。

自分の気分や体調も書き留めておくメリット

「ひとり時間」を見つけ出すために、一日24時間でやることを円グラフ化してみることをお話ししました。それに加え、手帳やノートに起床時間、睡眠時間のほか、体調も記入しておくと役に立ちます。2週間程度、記入を続けると、一日の忙しさと体調の関連性が見えてきたりするのです。


実際に、睡眠時間と体調は、密接に関連しています。

私はふだん睡眠時間7時間で過ごしていますが、ハードな運動をしたときや仕事が忙しかったときなどは7時間ではきついな、と感じることもあります。

また、疲れているときや、お昼に食べすぎてしまったときは14時くらいに眠くなるのがわかっています。だから全力で駆《か》け抜けたい日は、ランチはごく少なめにしたり、場合によってはスープだけにして調整するようにしています。

そういったことも記録しておかないと、「昨日忙しかったから」などと、なんとなくの感覚で終わってしまいます。記録しておくと、何時間寝て、どんなことをやって、どういう状態だったからいつもより眠いんだ、などとわかります。

このように、**「こういう行動をしたら、こうなる」ということを自分なりの統計として把握できるようになると、無意識のうちの「ああ、やっちゃった」が少なくなります。**

これも、自分の体調や気分を見つめる「ひとり時間」があってこそです。

日ごろの不摂生《ふせっせい》を「週末ひとり時間」で見直すのもいいですね。

平日は会食があったり、友人とランチを食べたりして食事の調整が難しい場合は、内臓を休ませる効果があるといわれている「週末断食《だんじき》」をするのもいいかもしれません。私も専門家の指導のもと断食をしたことがありますが、頭がスッキリして体重も減り、気分がリフレッシュできて、とてもよかったです。

では、何に書くか、どう書くか

私が「ひとり時間」中にモチベーションを上げるために行なっている、おすすめの方法があります。

それは、わざといつものパターンを崩してみるのです。

たとえば、いつも使い慣れている道具をいったん手放してみるだけでも、気持ちがリセットされていきます。

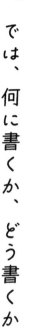

パターンを崩してリセットするこの行動は、せっかくの「ひとり時間」にダラダラして集中力がなくなりつつある流れをいったん断ち切って、もう一度集中している状態に持っていくための、一つのきっかけになります。

たとえば、これは仕事の例になりますが、インターネット上の「クラウド」のおかげで、端末にとらわれずにどこでも、ものを書くことができるようになりました。
私も文章をひたすら書く作業のときは、おもに会社のデスクでデスクトップのPCを使い、ワードで文章を書いていますが、その日の気分によってノートパソコンに替えて、近くのカフェやホテルラウンジなど、自分が心地よいと思う場所に移動することもあります。

こうすることで、物理的に気持ちのスイッチを変えています。

いつもの「慣れ」をリセットすることで、音楽でいう「転調」のように、今までの流れがパッと切り替わり、気分も新たにやる気が甦《よみがえ》ってくるのを実感しています。

週末においてもこのように、**「ひとり時間」の場所や道具を変えることは、自分の気持ちの変化を知る訓練にもなります。**続けているうちに、「あ、今は集中力が落ちているな」とか「今、ノリ始めたな」と、自分の心と対話したり、バランスを取ったりすることができるようになるのです。

「TODOリスト」を楽しくする〈す・ぐ・と・り〉の法則

私は日々、TO DOリストを書き出し、処理することを日課としている、ちょっとしたリストマニアです。

しかし、私の周囲には、こういうことに苦手意識を持っている人も多くいます。何より面倒くさいし、リストアップしたことを処理し切れなかったときの罪悪感、敗北感が大きいからというのがその理由です。

確かに、終えた事項を赤線でしっかり消すことができたら、その達成感と充実感は格別ですが、できなかったときのつらさもまた、マイナスの意味で格別ですよね。

「リストを作ろうとかまえると、かえってなかなか書き出せない」

「やろうとは思っているけど、面倒くさい」

「書いてはみるけれど、いつも予定どおりにいかない」

「かえって落ち込むから、作るのをやめてしまう」……。


でも、**書き方ひとつで、リストをこなすたびに格別の達成感がある、だからどんどん達成していきたくなる「法則」があります。名づけて〈す・ぐ・と・り〉の法則です。**

「す」――数字で書く

「TOEICの勉強を進める」

「プレゼンを成功させる」

というような、曖昧《あいまい》なことを書き出すのは達成度、進捗《しんちょく》度が見えないのでNG。進捗度合いがわかるように、数字で書くことを心がけます。

私の場合は、原稿なら「800字書く」、ランニングなら「5キロ走る」、読みたい本なら「15時までに150ページまで読む」というように書きます。

◎「ぐ」――具体的に書く

仕事の例だとわかりやすいと思います。

たとえば、「企画の告知文を作る」ではまだ曖昧です。はたして一日で終わるのか、何時間かかるのかが見えません。

そこで、次のように分解すると、どこまで進んだかが見えるようになります。

- 告知文の目的、得たい結果を考える
- 伝わる論理展開を考える
- ノートにラフ案を書く
- パワーポイントで資料を作る
- 最後にもう一度チェックする

こうして具体的に分解すると、それぞれが終わったら、その都度《つど》「終わった」と区切りをつけられるので、「進んだ!」という達成感も得ることができます。

「と」――取るに足らないことでも書く

「こんなこと書かなくても覚えているよ」というような些細《ささい》なことも、躊躇《ちゅうちょ》なく書き込みましょう。理由は、達成感を得るためです。書いたことを少しでも終わらせることで、「自分は作業を進めている」と実感できるのです。

たとえば84円切手を10枚買う、コピーを15部取る、新聞を読む、という類《たぐい》でもかまいません。書くことによって、こうしたこまごましたことを頭の中に置いておかずにリストへと追い出します。

すると、「忘れないようにしないと!」と、先ほど述べた「モヤ様」を登場させて余計な頭を使う必要がなくなります。また、このような小さなことでも、赤線を引いて消せると前に進んでいる気がしてうれしくなります。

「り」――リセットしてみる

リスト作りが苦手な方の意見で多いのが、「残っている項目を見ると、自分がダメ人間みたいに思えて落ち込む」というものです。

確かに、残った項目を眺めるのは気持ちがいいものではありません。できなかったことが溜まってくると、それにふたをしたくなる気持ちもよくわかります。そこで私が実行しているのは、リストを毎回リセットすること。

具体的には、できなかったことは、そのまま次のリストに書き写してしまい、当日書いたぶんは、それが終わっていなくても赤線を引いて区切りをつけるのです。

また、その日のうちにやり切れず、何度もくり返し書くのに進まないものは、「そもそも、できないもの」とあきらめて、思い切って「捨てる」のも一つの手です。

これは本来のリストの使い方とは離れているかもしれません。しかし私の場合、リストを作る目的は、「一日の終わりに達成感と充実感を得ること」です。だから達成感を得られずに気持ち悪いと思ったら、一度リセットしてしまいます。そのことにより、新たな気分で物事に取りかかることができるのです。

この〈す・ぐ・と・り〉を意識していると、リスト作りが面倒なものではなく、クリアするのが楽しい目標に見えてきます。気軽にどんどん書き込んでみればいいのです。

目的は「心の着火点」を見つけること

最近、早起きに関して、こんな質問をされることが増えました。

「早起きには強い意志や目的意識が必要、とよくいわれますが、池田さんのように強い目的意識が見つからないときはどうしたらいいでしょうか？」

この質問は、早起きに限らず、あらゆる目標達成において重要な質問だと思います。

何かを達成するためには、必ず動機づけが必要だからです。

この動機づけが甘いと、いくら決意しても挫折《ざせつ》をくり返してしまいます。挫折をくり返すと、「どうせ自分なんて、やろうと思ってもうまくいかないんだ」と無意識のうちに自分を否定してしまうので、ますます目標達成から遠のいてしまいます。

また、動機は人によってさまざまです。

「こんな動機から目標が達成できた」と人の話を聞いても、「すごいなあ」とは思っても、心から納得し、共感できなければ、なんとなく他人事のように感じられませんか？

動機づけのためには、まず自分がどんな状況のときに一番やる気になるかという、動機のタイプを見極めることが大切です。

私の場合、早起きに目覚めたのは、ある挫折がきっかけでした。

- 大学受験に二度失敗
- ギリギリ受かった大学では落ちこぼれる
- 就職活動ではほとんど落ちる
- やっと入れてもらった会社では20代で窓際社員に

そんな自分が惨《みじ》めで、「どうにかして抜け出したい！」「抜け出すためならなんだってする！」と決めてから、早起きができるようになりました。

このように書くと、「私にはそんなに強い動機はないから、目標は立てられないかも」と思ってしまう方もいるかもしれません。

ここで私の例を出したのは、別に脅《おど》すためでもありませんし、「私って頑張り屋さんなのよ！」というのをアピールするつもりでもありません。**自分の「心の着火点」に気づけば、動機は見つけられる**、ということをお伝えしたかったからです。

自分を突き動かす思いというのは、じつは誰でも持っているものです。ただ、それを探る術を知らないだけなのです。

自分はどんなときに楽しくて、うれしくて、やる気が起こるのか？

自分はどんなときに悔しくて、悲しくて、つらいのか？

それをしっかり見つめることで、強い動機は必ず見つかります。

たとえば、次のような方法があります。

「ひとり時間」にノートや手帳を開いて、次の2つの項目欄を作ってみましょう。

「できたらいいなと思うこと」

「できないと困ると思うこと」

そして、それぞれの項目欄へ、頭の中をまず全部吐き出すつもりで書いて、それを眺めてみてほしいのです。

どちらの項目が多かったですか？

どちらの項目をより達成したいと思いますか？

これは、自分が「できたらいいな」ということを考えるとワクワクして動かずにはいられないタイプか、「できないと困る」から頑張ろうと思って動くタイプかを客観的に知るための手法です。

これで自分のだいたいのタイプがわかると、参考にすべき人、参考にすべき本も徐々にわかるようになってきます。成功法則本、ノウハウ本、成功体験記はたくさんあります。それぞれの立場の人が、それぞれの経験を語っています。

でも、「あの人はこう言っているのに、この人はまったく違うことを言っている。いったいどちらが正しいのだろう？」と迷ってしまうことはありませんか？

迷ってしまうのは、成功体験を語っている人の「動機」に注目していないからです。

人によって、目標達成の動機は違います。

動機が違えば行動も変わります。だからこそ、行動だけを見て鵜呑《うの》みにしないで、その人の動機に目を向けてほしいのです。

その人がどちらのタイプで成功したかを見ないまま、やみくもに手法だけマネしても、タイプが違えばなかなかうまくいきません。

たとえば、「できないと困る」から頑張るタイプの人が読んだ本に「ワクワクするほうに動きましょう」と書いてあっても、なんだか心の底に違和感があるものです。

ただし、経験を重ねたり、つき合う人が変わったりすることによってタイプが変わることはありえます。

私の場合は、最初の動機は「できないと困る」でした。「このまま窓際社員で、仕事も何もできない自分でいるのがイヤだ！」という気持ちが強かったのです。

でも早起きを続けていくうちに性格がどんどん前向きになり、今では「できたらいいな」の気持ちで動機づけされることが増えてきました。

ですから、このどちらのタイプかを見分ける作業は一度やって決めつけてしまうのではなく、たとえば、年に一度、「誕生日が近くなったらやる」など一定の期間をおいて続けることをおすすめします。このことにより、自分を客観的に見つめつつ、そのときの自分に必要な行動が見えるようになってきます。

3章

あんなことも、こんなことも……

考えるだけでワクワクする「予定作り」

「あと回し」のワナから抜け出す

誰でもイヤなことはあと回しにすればするほど、ますますおっくうになっていきます。早めに済ませてしまえば忘れることができるのに、早くしないばかりに余計に気が重くなってしまうのです。

ここでも、先ほど述べた「モヤ様」が登場してきます。

たとえば、誰かからお誘いを受けたとき、「うまく断るにはどういう返事を書こうかな？」とずっと気にすることはモヤ様にあたります。モヤ様が心の負担になり、取り組むことのスピードや判断力にも影響を及ぼしてしまうので、なるべく率直に事情を話してお断りするようにします。相手に期待を持たせてから断るよりは、よほど相手のためになります。

「やろう、やろう」と思いながらなかなかできないことは、時間がたてばたつほど気になりますし、やりづらくなってしまいます。これが積み重なることで、遅れた言い訳を考えるために「ひとり時間」をムダに使わなければいけなくなります。言いづらいことこそすぐに言う、を心がけるようにしましょう。

あまり気乗りしないイベントのお誘いを断るとき、どんな言い訳をしようかと迷っている間にも、相手は、あなたがくるかこないかわからずに、人数の調整もできず困っているかもしれません。

こちらが誘う立場だと仮定してください。相手に日程や時間の都合を聞きたいのに、くるかこないかの返事すらいつまでももらえないと、イライラするでしょう？

自分のモヤ様を大事にするのと同じように、「相手のモヤ様」も大事にしましょう。自分のせいで相手を不安にさせてはいけません。

もちろん、自分の一存では決められない予定もあるでしょう。その際も「〇日までにお返事します」と、返事をする期日を決めてしまいます。そうすれば、約束を決めなければいけないデッドラインを逆算することができます。また、自分の一存では決められない予定でも、自分が主体的に決めたという気持ちになることができるのです。

「起床時間」と「就寝時間」の考え方

夜は知り合いから連絡が入ったり、ついダラダラしたりしてしまうので、早起きして「ひとり時間」をつくりたい、という人も多いと思います。

しかし、ふだんから夜型の人がいきなり早起きを始めるのはなかなか難しいことです。夜型の人があせって20時とか21時にベッドに入ったとしても、無理に眠ろうとするプレッシャーから、なかなか寝入ることができないでしょう。

そんな人にお伝えしたいのは、「早寝早起き」でなく「早起き早寝」を心がけてみては、ということです。

ちょっと力ワザではありますが、たとえ夜は早寝できなかったとしても、翌朝は思い切って早く起きてしまうのです。そうすれば、その日の夜は間違いなく自然に眠くなります。

夜型から朝型へのシフトは、時差ボケを治すプロセスと似ています。

海外旅行で時差ボケになったときも、無理やり現地の時間に合わせて起きているうちにだんだんペースがつかめてきますが、朝型を定着させるときも考え方は基本的に同じです。もちろん最初はとても眠いと思いますが、数日間我慢して続けることができれば、少しずつペースがつかめてきます。


また、夜の眠りをスムーズにするために私が心がけていることは、自分なりの「入眠儀式」を持つことです。

たとえば私の入眠儀式は次のようなものです。

- 前日に、自分が着る服を決めて準備しておく
- カフェインレスのお茶を飲んでのんびりする
- ラベンダーやカモミールなど、リラックスできる香りつきのアイマスクを使う
- ベッドの中で、今日一日のうれしいことを思い浮かべ、感謝の気持ちで眠りにつく

目覚まし時計を早めにセットして起きた朝、ベッドの中で寝ぼけながら今日着る服を考えていると、あっという間に夢の中に戻ってしまいます。ですから、朝起きたら、何も考えず、前日に準備しておいた服を着られる状態にしておくのです。

私は、朝起きたらすぐにシャワーを浴びるのが習慣なので、浴室の近くに朝着る服をセットしておきます。また、シャワーのあとに着替える服は、服を着たあとでまたベッドに戻ってしまったりしないように、きっちりしたスーツやワンピースにしています。

このように、いつまでもパジャマのままグダグダできない仕組みを作っておくと、自然に身体が目覚めモードになります。

また、**朝に快適な「ひとり時間」をスタートさせるカギは、夜の過ごし方にかかっているといっても過言ではありません。**私は少しでも夜にリラックスして、睡眠を誘う環境を作るよう心がけています。

私がおすすめするのは、「三年番茶《さんねんばんちゃ》」というお茶です。これは茶葉を3年寝かせてじっくり焙煎《ばいせん》した、カフェインレスの優しいお茶。寝る前の入眠儀式としてこのお茶を飲むと、身体がゆるむ気がしてホッとします。

また、寝る前に市販のホットアイマスクを目に当てるのもおすすめです。低温タイプのカイロのようにじんわりと温まり、蒸気が出て目を休めてくれる使い捨てタイプのアイマスクです。これをつけてベッドに横になると、リラックスしてそのまま寝てしまいます。ただ、夏場は暑くて寝苦しくなるので、冷蔵庫で冷やしてくり返し使うタイプのアイマスクを使うのもいいでしょう。

また、寝る前に今日のよかった出来事を思い出し、周囲の環境に対して「ありがとうございます」と感謝して眠るようにしています。このことによって気持ちがおだやかになり、スッと気持ちよく眠りに入ることができます。

たくさん刊行されている早起き関連本の多くには、「体内リズムを整えるために、どんなときにも必ず決まった時間に起きる」と書かれています。

しかし、私は自らの体験から、**起床時間を一定にするのではなく、睡眠時間を一定にしたほうが、一日をハイパフォーマンスで過ごせると実感しています。**どんな事情があっても、睡眠時間だけは自分の必要な時間として死守するのです。だから、絶対朝4時に起きなければならない、というように起床時間を決めてしまうことはしません。

確かに早起きを習慣としていると、たくさん眠りたいと思っても、いつもの時間に目覚めてしまうことはあります。

私は早起き生活を続けているので、たとえば飲み会終わりで眠るのが午前1時過ぎになってしまっても、だいたい朝4時にはいったん目が覚めます。でも、睡眠時間が7時間に満たない場合はあえて二度寝して、必要な睡眠時間を確保するようにしています。そうしないと、結局、寝不足でその日のパフォーマンスが落ちるからです。

早起きは目的でなく、あくまで手段です。朝4時起きにこだわって、その日一日を棒に振るのは本末転倒。だからこそ、起きる時間を無理に固定せず、睡眠時間を固定するようにしているのです。

「夜時間を『ひとり時間』にしたい」という方でも、「○時に寝る」を目標にするのではなく、「○時間寝る」を目標にすると、自分がノってきたときに無理やりその流れを断ち切らなければならないストレスから解放されます。

「ひとり時間」をしっかり確保するために

「絶対、『ひとり時間』をつくろう！」と気合いを入れても、気合いだけではなかなかうまくいきません。**「ひとり時間」を習慣の一つとして無理なく取り入れるために、私が心がけているのは「仕組み化」「見える化」「ごほうび」です。**私が、ランニングをするための「ひとり時間」をつくったときのプロセスを紹介します。

◎仕組み化

「忙しくてなかなか走れない」という悩みから抜け出すために「お金を払う」というインセンティブ（行動をうながす報酬）をつけて無理にでも走るように、スポーツジムに申し込みました。

スポーツジムは、オフィスから少し離れた、家とオフィスの通勤経路外の場所（スポーツジムからオフィスまでは徒歩15分程度〉に決めました。

その上で、〈家↕オフィス〉の経路で買っていた定期券をやめて、〈家↕スポーツジム〉の経路の定期券を買い直しました。朝、家を出てスポーツジムまで電車で向かい、トレーニングが終わったら、徒歩でオフィスに向かうというルートを作ったのです。

「仕組み化」で、お金をかけてしまったので、そのぶんを回収しようという意識から運動せざるをえない状況に自分を追い込みました。

ここまで読むと、かなりストイックだから自分にはできない、と思われるかもしれません。しかし、「仕方がないけどやらざるをえない」状況になってしまうと、もうやるしか道はないので、かえって開き直ることができます。

見える化

早起きやダイエットなど、習慣に関わること全般にいえることですが、何事も、やり始めの数日が一番苦しいものです。でも、数日我慢してペースがつかめてくると、だんだん勢いがついてきます。「見える化」を意識するために、毎日のランニングで走った距離、走行時間を手帳に記録しました。最初はつらいかもしれませんが、実行と記録をとにかく1週間続けます。すると、自分ができることが徐々に増えてくるのが「見える」ようになります。こうなればしめたもの。昨日の自分の記録を塗り替えることがだんだん楽しくなってきます。

ごほうび

私の場合は、食べること、飲むことが大好きなので、トレーニングした日は「いつもより多めにご飯を食べていい」「ビールを多めに飲んでいい」というように、自分を甘やかすようにしています。たとえば、ランニングを終えたあとの冷えたビールを想像して、ニンジンを目の前にぶら下げられた馬のように走るのです。

こうして振り返ると、私がランニングを定着できるようになったのも「仕組み化」「見える化」「ごほうび」があったから。この3つを意識することで、「習慣化したい。でもつらいし、面倒でなかなかできない」と思っている目標はたいてい達成できます。

これはランニングや早起きに限らず、勉強や家事などにも通じる、時間をつくって、続けるようになるためのコツです。

イヤなことは、好きなことと一緒にやればいい

「好きなことだけをして生きていきたい」と考える人はたくさんいます。でも、好きなことだけをするにしても、その過程でやらなければいけないことも多く出てきます。

私の好きな言葉に、「忍耐の芽《め》は固い。しかし、最後に結ぶ実は甘く柔《やわ》らかい」というものがあります。大学受験の浪人時代に恩師にもらった言葉です。

好きなことをするようになるためには、そのための努力は必要だと思います。

とはいえ、「この苦労は、あとで絶対に身になる」と頭ではわかっていても、時にくじけそうになることもあるでしょう。そこで私がちょっと工夫しているのが、「これをやらなきゃいけない」から、「これをしたい！」に考え方をチェンジする方法です。

本当につらいこと、大変なことを、「自分はつらくない」「じつは楽しいんだ」と無

理やり思い込もうとすると、だんだん心が苦しくなってきませんか？

そんな「これはありがたいことだ」とか、「今の我慢が将来に通じるんだ」と思うのに疲れてしまったときに思い出してほしいのは、「好き」という気持ちです。

つまり、「やらなきゃ」と「やりたい」の間に「好き」をくっつけることです。

「ああ、これをやらなきゃいけないんだ。イヤだなあ」と思ってすることと、「うわー、楽しい！」と思ってすることでは、スピードや取り組み方がまったく違ってきます。

だから、イヤなことに「好き」をくっつけて、好きなことに変えてしまうのです。

たとえば会社で、苦手な上司や同僚がいる飲み会に行かなければいけなくなったとき、しかも自分が幹事をしなければいけないとき。「あーイヤだなあ」「面倒くさいなあ」と思うだけでは、飲み会の時間もその前も、気分は下がりっぱなしですよね。

でも、「飲み会の幹事＝好きな店を選べる権利を得た！」と考えてみると、少し気分が変わりませんか？

こんな感じで、**こじつけでもなんでもいいから、自分がイヤで我慢しなければいけ**

ないことに、やらずにはいられないような好きなことをくっつけてしまうのです。

　この考え方のチェンジをじつに上手に行なっているのが、私の知り合いの女性です。彼女は保険の営業をしています。完全歩合制の実力主義の職場で、トップセールスとして何度も賞をもらっている彼女に聞いたことがありました。

「営業って、つらくないですか？」

「いいえ、全然つらくないですよ。たとえば、ほら、あそこにビルが見えるでしょう。私、ああいうビルを見ると、上から下まで全部訪問しよう！　って、なんだかゲームみたいでワクワクしちゃうの」

　彼女はまるで、ビルの部屋という部屋を「塗り絵」のようにイメージして、一部屋ずつ色を塗っていくようなゲーム感覚で、営業訪問をバリバリこなしていたのです。

「ゲームを攻略しよう」というマインドなので、断られてもめげずにどんどん訪問していきます。普通の営業パーソンならひるみそうな「そのビルをすべて制覇《せいは》」もまったく苦になりませんし、数をとにかくこなしているから当然成約数も増える、成約数が増えるから評価も上がるという好循環《こうじゅんかん》になっているのでしょう。

　このように、「好き」をつなげて意図的に自分をいい状況に持っていったり、逆に悪い状況を最小限にしたりできると、何をするにもますます楽しくなってくるのです。

たとえば、週末に溜め込んでしまった洗濯物を洗うとき、「何度も洗濯機を回すこの時間がムダだ」と思うと時間を奪われた感じがしますが、「この洗濯で何個の洗濯物をキレイにできたか？」と思うと、とたんに楽しくなってきませんか？　洗濯機が止まるまでの30分をどんな「ひとり時間」にしようかな？　と考えるのもワクワクしますよね。私はほかには、洗濯物を干《ほ》す時間で、ラジオを聴いてリフレッシュを図《はか》っています。この時間を「どんな時間にするか？」は、自分で決められるのです。

「予定どおり」に物事を運ばせるコツ

突然ですが質問です。小学生のときの夏休みの宿題、あなたは早めに計画的に終わらせるタイプでしたか？　それとも、最後のギリギリでやっと間に合わせるタイプでしたか？

すっかり陳腐《ちんぷ》化した、ありきたりな問いですが、いつまでもいろいろなところで聞かれるということは、それだけギリギリで苦労していた人が多いということだと思います。かくいう私も後者でした。

たとえば、「宿題のドリルを毎日3ページずつこなして、早めに終わらせるぞ」と最初はやる気満々ですが、その勢いは2〜3日しか続きません。そして、もう二学期が始まるという直前の数日で追い上げてなんとか間に合わせる。これを毎年くり返したものです。

どうして、わかっているのに何年も同じことをくり返していたのか、今になってやっとわかります。予定を立てたら、立てただけで満足してしまい、その予定どおりに進まない自分から逃げていたからです。


予定を立てるのは楽しいことです。旅行も、計画を立てる段階が一番ワクワクしますよね。しかも、予定を立てているときは自分が万能になったかのように、あれもこれも詰め込みたくなるでしょう。

でも現実を見ると、たとえば「10」できると思っていたことが、じつは「1」しかできなかったということが明らかになり、落ち込みます。

私は今も、「本の原稿を一日1万字書いて、一冊を10日で仕上げる！」などというかなり無理な目標を設定して、なんとなくできる気がしながら結局1カ月たってもほとんど書けていない、ということもあります。エラそうなことを書いていても相変わらずだなあ、といつも反省しているところです。

こうしたダメな自分から脱却するためには、つらくても、まずは等身大の自分と向き合うことです。それはつまり、仕事で行なう「予《よ》実管理《じっかんり》」（「予算」と「実績」を管理すること）をすればいいのです。

予定だけ組んで、できた気になる自分と実際できなかった自分を、冷静につき合わせるのです。予定を手帳に書き込むだけでなく、実際にはどうなったかも書き足すことにより、計画に無理があったかどうかなどをあとで振り返る際に参考にすることができます。

仕事はこの「予実管理」をしないとうまくいかないように、自分の計画も立ててから見直すことをしないと、なかなか前に進めません。

この**予定と実績の差をしっかり見つめることが、「ひとり時間」をきちんとマネジメントしていくためのポイント**なのです。

「ひとり時間」の予実管理を習慣化するためにおすすめなのは、バーチカル式の手帳を使うことです（バーチカル式とはウィークリー欄が1週間で見開きになっていて、30分～1時間ごとに目盛りが刻《きざ》まれているタイプ）。ふだんスマホやPCの予定表を使っている人も、一度、1週間程度の予定と実績を書き出し、眺めてみることをおす

週末スケジュールチェック

予定の組み立てがもっとうまくいく!

Saturday	Sunday
8：00　起床	：
10：00	：
〜　スパ	
12：00	：
13：00　●●でランチ	：

予定どおりに進んだら、を書き込む。次回の予定がより正確に見積もれるように！

すめします。

具体的には次のようにします。

ウィークリー欄の各日にちの真ん中に、自分で点線を入れます。点線の左側に予定、右側に実績を記入して、自分の立てた予定どおりに進んでいるかを日々チェックすることを習慣とするのです。このことにより、予定と実際がどのくらい離れているかが、一覧となってパッと「見える化」できます。

たとえば、「旅行のしたくに1時間を予定していたけれど、結局2時間かかってしまい、そのあとにやる予定だったこともうしろ倒しになってしまった」などと、そのまま書いていきます。

すると、どうして1時間の見積もりが2時間になったかを考え、次には工夫して時間を短縮するきっかけとなります。

できない自分を見つめることはつらいことです。しかし、まず等身大の自分を見つめて、そこからどうやって改善していくかを探ることが大事なのです。

「タイマー」というお助けアイテム

「なんとなくダラダラしてしまって気づいたら時間が過ぎてしまった」という方におすすめなのはタイマーを活用することです。今はスマホのタイマー機能で手軽に時間を計《はか》れますので、ゲーム気分で使ってみましょう。

「今から30分間は、ネット環境を遮断して集中する！」と決めたときなどは、タイマーで計ることによって集中力を意図的に上げることができます。SNSをチェックするときも、ダラダラしてしまうのがお悩みなら「10分間だけやる！」と決めて、意図をもって時間をつくれば立派な「ひとり時間」です。

このように時間をいちいち計るのは、管理されているようでイヤだと思うかもしれません。でも、**かかる時間をあえて計ることにより、自分は何にどれだけ時間がかかるかの基準が明らかになります。**

その基準がわかると、もっと縮めるためにはどうすればいいか、工夫の余地が生まれます。つまり、計って管理することは、自由で何物にも縛《しば》られない時間をつくり出すための、最初のちょっとした痛みなのです。

もちろん、四六時中タイマーで計り続けたら気詰まりになってしまいますが、ゆっくり立ち止まる「ひとり時間」をつくるために、それ以外の時間を縮める工夫と割り切ると、気持ちのバランスを取ることもできます。

タイマーを使うと、仕事でのムダな検索も避けられます。

プレゼン資料作成の際、見た目にこだわってかっこいいものを作ろうとするとキリがありません。適切なイラストや写真を探しているうち、本来の目的を忘れて、いつの間にかキレイに作ることにとらわれがちです。

また、「あのときに使った図を参照したいのに、どこにあるか思い出せない」と過去のファイルを探しているうちに、別の資料を読み込んでしまったり、違う調べ物が気になったりして、気づけば資料提出の締め切りまで時間がない、ということもよくあることです。

こうした誘惑を断ち、作業を効率化する際にも、タイマーが役に立ちます。

プレゼン資料に添《そ》える図をネット上のイラスト集などから探す場合、あらかじめ探す時間を15分間などと決め、セットしておくのです。タイマーで管理すると、その時間を超えても「もっといいものがあるのではないか」と探し回ることが減ります。

イラストや図を多用するとわかりやすくインパクトがある資料が作れますが、それは手段であって目的ではないので、このような**工夫を日々行なうことで、「ひとり時間」をなるべく多く確保できる**ようにしているのです。

「ひとり時間スケジュール」を立てる際の3ポイント

「ひとり時間にこれを頑張ろう!」とやる気満々になっているときほど、「冷静に考えれば絶対無理だろう」というスケジュールを立ててしまいがちです。

私も経験がありますが、計画を立てているときは、自分がまるで万能にでもなったかのように、あれもこれも詰め込んでしまいます。そして、それをクリアできなかった自分を「自分の頑張りが足りないからだ」と責めてしまうのです。

このような事態を防ぐために私が心がけているのは、**「いつもよりちょっとだけ頑張れば、なんとかできるだろう」という目標を作り、それを日々クリアしていくことで自信を深めていく方法**です。

毎日のちょっとした頑張りが自信になり、「これだけできたから大丈夫」という余裕が生まれてくるのです。「目標」というと何か大それたもののように聞こえますが、ほんのちょっとしたことでいいのです。

私の場合は「早起き」がそうでした。

早起きして「うわー、ホントにできた！」「今朝もできた！」という達成感を少しずつ増やしていくことができたからこそ、少しずつ大きな目標もクリアできるようになってきたのです。

私が目標を設定するとき、心がけているポイントは3つあります。

①1週間単位で
②数字で見えて
③ちょっと頑張れば5日間（1週間のうち2日間はサボってもOK）で

クリアできる分量の目標を立てることです。

たとえば、英語の勉強をするとして、「1カ月後のTOEIC試験のために、問題集を毎日1ページずつきっちりとやる」といったように、細かくスケジューリングしてしまうと、一日でもできない日があると全部の計画が狂《くる》ってしまいます。そして、せっかく立てた計画が狂うと、「もういいや！」とあきらめてしまいがちです。

ですから、**1日ではなく、まずは1週間で達成できるような目標を立ててみましょう。**

そして、目標は数字で測れるものにします。つまり、「早起きを頑張る」とか「成功する」といった曖昧なものはＮＧです。

先にもお話ししたランニングを始めた私の場合、ホノルルマラソンに向け、1週間の目標走行距離を25キロと設定していました。これは、一日5キロ走れば5日間で達成できる距離です。つまり万が一、1週間のうちの2日間は走れなくても（サボっても）、なんとか間に合うのです。

1週間で25キロ走れれば、それを1カ月間続けると月間の走行距離は１００キロになります。一度に「月間１００キロ！」と決めると大変そうに思える目標も、「週5日、5キロずつ走ればいいんだ」と考えると、なんだかできそうな気がして、すんなりと月間の走行距離１００キロ以上を達成することができました。

このようにして、**自分が前に進んでいる感覚を身体に覚えさせていくと、だんだん**

と、目標のハードルを上げていくことが可能になります。

また、目標に取り組むための時間が、毎週末の2日間しか確保できない場合は、1カ月単位でスケジュールを立てるのもいいでしょう。つまり、

・計8日間の休日（＝1カ月単位）のうち、
・ちょっと頑張れば、6日間（つまり、2日間はサボってもOK）で、

クリアできるようスケジュールを立てて、目標に取り組むのです。

たとえば、家のインテリアのリニューアルの計画を立てたり、「今月はこのテーマ」と決めてそのテーマに沿った読書を進めるのもいいですね。無理なく、かつ1カ月間で変化がわかるようなスケジュールを立ててみましょう。

ひとり時間ができたら「やりたいなリスト」を書いてみよう

急に空いた時間ができると、どうやって時間を過ごしていいかわからずに持て余してしまうことがありませんか？

そんなときに備えて**「ひとり時間ができたらやりたいなリスト」**を作ってみるのをおすすめします。

「週末スッキリリスト」（59ページ）とは違って、純粋に好きなことだけを書き記《しる》すので楽しいはずです。

とはいえ、じっくり時間を取ってリストを作ろう、とするとあと回しにしてしまう場合があるので、平日のうちに「あ、これいいな」「やってみたいな」と思ったことがあったらスマホのメモアプリやメールの下書きにまとめたりして、少しずつ溜めて

週末「やりたいな」リスト

「できた!」の充実感をたくさん味わう

10分コース	30分コース	1時間コース
例）●●の調べ物	例）雑誌を読む	例）ドラマの続きを観る
・	・	・
・	・	・
・	・	・

日ごろから「やりたいこと」をどんなに些細でもいいので書き留めておく。かかりそうな時間ごとにわけると、空き時間に次々と処理できる！

おいてもいいですね。

こうして溜めたメモを、週末にリスト化してみましょう。私の場合は、パッと思いついたことをメールの下書きに書き留めておき、ある程度まとまったら、自分あてのアドレスに送るようにしています。

こうして溜めた「やりたいなリスト」を眺め、**10分コース、30分コース、1時間コースといったように、所要時間とともにリスト化**しておけば、ぽっと空いた時間につい、「ダラダラとネットを見て過ごしてしまった……」などという後悔とも無縁になります。

4章

自分の価値をブラッシュアップ

「ひとり時間」だからできること、トライしたいこと

「考え」が深まると、いい答えが出てくる

「ひとり時間」を確保する際にも、時にはプレゼン能力が必要となります。相手に自分の考えを正しく伝え、理解してもらい、自分の時間を確保する工夫が必要だからです。**いくら自分が「『ひとり時間』がほしい」と思っても、それを論理的に、適切に伝えて、相手を動かさないといけません。**

私はこれまで、人生における転機は、その時々の「プレゼン」でくぐり抜けてきました。

初めての著書を上梓《じょうし》するきっかけになったのも、ある出版社に企画書を出してプレゼンをしたからです。手帳をプロデュースできたのも、コンセプトを明確化してプレゼンし、社内を説得することができたからです。

そして今、講演や研修の講師として仕事をいただけているのも、人前で思いを伝え

る手段を工夫しながら学んできたからです。

「プレゼン」と聞くと、人前でパワーポイントなどのプレゼンソフトを使ってやるものだから自分には関係ない、と思われるかもしれませんが、人生はすべてがプレゼンテーションの連続だと思います。


私がプレゼンに興味を持ち、「どうにかしてプレゼン能力を身につけたい」と思ったきっかけは、大学時代の手痛い失敗からでした。

大学3年生の春、私はマーケティングのゼミを履修《りしゅう》していました。そのゼミでは半期に一度、グループで特定の企業や団体のマーケティングを分析して、その成果をプレゼンすることになっていました。

当時、東京・銀座の松屋デパートの前に1号店を出したばかりのスターバックスの企業経営に興味があった私は、同社のマーケティング戦略について分析することにしました。

しかし、ただやみくもに資料を集めることに数カ月を費《つい》やしてしまい、収拾がつかなくなって、自分の考えではなく、ただ資料の知識の寄せ集めで発表する羽目《はめ》になってしまいました。

付け焼き刃の知識で深く考えをめぐらせる余裕もなく、カンペを読むだけのプレゼンでした。そして、そのカンペに文字をぎっしり入れすぎたばかりに、途中でどこを読んでいいかわからなくなり、自分でも何を伝えたいのか、どうやって締めくくればいいのかわからない、めちゃくちゃなプレゼンになってしまいました。

あまりのできの悪さ、考えの浅さに、ゼミOBの審査員もコメントのしようがないほどで、恥ずかしくて夜の懇親会《こんしん》にも出席できないありさまでした。数日後、「あんなにひどいプレゼンをするとは思わなかった」と言っている人がいた、と人づてに聞きました。

ふだんから思っている、考えている言葉以外の言葉は、上っ面《うわつら》の言葉です。本気で考えていないことは、相手に届かないということを、身をもって知らされたのです。

その悔しさ、やり切れなさが原動力になって、二度とこのような恥ずかしい思いはしたくないという気持ちから、プレゼンについて研究するようになりました。

プレゼンについて研究してわかったことがあります。それは、根本となる大切なことは、2つだけだということです。

①本気で、心から思っていることを伝える
②これを伝えることで、相手になんのメリットがあるかを徹底的に考える

この2つを本気で考えると、自然と「伝わるプレゼン」になります。
「人を動かす」とか「プレゼンテクニック」というと、自分の意見をゴリ押しして通すようなイメージがあります。しかし、本当に「人を動かす」ことができる人は、自分が正しいと信じる考えを、バランスよく、冷静に、わかりやすく、時には熱く伝えられる人です。

相手がどうしたら理解できるかを、相手の立場になって考えられる心や思いやり、優しさがあってこそ、コミュニケーションは成立します。最初に相手ありきだからこそ、相手に「よくわからない」と言われないための工夫ができるようになるのです。

そしてこの2つは、あわてて準備しては身につかないものです。だからこそ、「ひとり時間」を使って、この気持ちを温めていくことが大事なわけです。

チャンスとつながる「妄想力」が鍛えられる

「ひとり時間」のいいところは、自由に妄想《もうそう》する時間があることです。

「妄想」というと何か怪《あや》しげな感じですが、「今から背中から羽が生《は》えてきて、空を飛べるんじゃないか!?」といったような、物理的に実現不可能な妄想ではなく、ちょっと頑張ったら実現できそうな未来を想像することを、私は「妄想」と呼んでいます。

「うわー、これ実現しちゃったらうれしい！　どうしよう！」

と興奮して、一日が楽しくなってしまうような未来を妄想するのです。

ここでのポイントは、妄想をただの妄想で終わらせないことです。

これには2段階のステップがあります。

最初に、妄想が叶《かな》ったときのうれしさを全身でかみしめます。

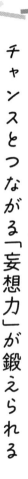

「こんなときどう自分は感じるか？」「この喜びを最初に誰に伝えたいか？」「伝えた相手はどんな顔で喜んでくれるだろうか？」という、飛び上がりそうなうれしさをリアルに思い描き、想像します。

こうして喜びに浸《ひた》ったあと、今度は一歩引いて、「さて、このうれしい思いを現実にするにはどうしたらいいかな？」と、具体的なスケジュールに落とし込みます。

私は、この妄想を私自身のゴールデンタイムである朝6時半～9時にするようにしています。

夜、妄想すると、「協力してくれる人が少ないから無理」「時間がないから無理」「仕事が立て込んでいるから無理」と、無理な理由ばかりに考えが行きがちなのが実感としてわかっています。朝の妄想なら、突拍子《とっぴょうし》もないことでも、「もしかしたらできるかも！」と思えてくるのですから不思議です。

「無理だよ……」と思うと、そこで思考が止まってしまいますが、「できるかも」と思うと、「じゃあ、実現させるには具体的に何を準備したらいいかな？」という発想に切り替わります。

妄想が習慣になると、チャンスに対するアンテナが鋭くなってきます。ふとした瞬間に「ひらめき」が降りてくるようになりますし、「これだ！」というチャンスをキャッチできるようになります。

ふだんから妄想をしていないと、急に降って湧いたようなチャンスがあっても尻込みしてしまいがちです。「自分にはまだ荷が重すぎる」と躊躇してしまうことになるでしょう。

でも、妄想を習慣化していると、「あ、これはあの妄想が実現するチャンスだ！」と変化の兆《きざ》しをキャッチできるようになるのです。

たとえば、私がここ最近、妄想力で得たチャンスは次のようなものです。

◎「新聞連載のオファーが来たらどうしよう！　キャー」と妄想し、オファーもないのに連載の構成案を書いていたら、急に新聞社から連載の打診が来た。もちろん即答で「やります」と答え、構成案をブラッシュアップして送付。スピードが評価され、連載実現へとつながった！

◎会社員時代から、人気サイト「朝時間.jp」(https://asajikan.jp) で連載をするのが夢だったが、会社員時代は直撃アプローチしたものの見事に玉砕《ぎょくさい》。めげずに早起き&発信を続けていたら、逆にオファーをもらえるようになった！

●どうしても通したい出版企画があったがなかなか通らず、あきらめかけたとき、偶然出席したパーティでその企画のキーパーソンに出会った。本人に直接熱意を伝えることができた上、ブラッシュアップした企画書を送ることができ、企画が通った！

●ダイエットに成功した自分がニッコリ笑っている写真を、プロの写真家に撮ってもらうことをイメージして頑張ったら、2カ月間でマイナス3キロのダイエットに成功。プロの写真家にちょっとスマートになった写真を撮ってもらうことも実現した！

結果だけを見ると、ただ運がよかっただけのようにも思えますが、ふだんから妄想で準備をしていなければ、願ってもないオファーがあっても「私にはまだまだ無理」と自らの道を狭《せば》めてしまっていたかもしれません。

「本当にできるのかな？」ではなくて、「できる！」と自分で決め、その上で、今できることについて最大限の努力をする。そのためにも「妄想力」は重要だと思います。

たとえば、新聞での連載の話が来た際も、本当に連載原稿が書けるかどうかなんて、受けた時点では正直わからないものです。でも、そこで「できません」と言って自分の可能性の芽を摘《つ》むよりは、「できます」と言って、できる自分になれるよう必死に頑張るしかない、と割り切るのです。

こうして少しずつ、「頑張ればできるかも……」という目標を設定して、背伸《せの》びすることも大切です。

このような発想に転換できるのも「妄想力」で最初にうれしくなってしまう術があるからです。妄想して、勝手にうれしくなって、具体的にスケジュールを組んでいたからこそ、つかみ取れる幸運なのだと思います。

妄想力は、夢実現のための筋トレのようなもの。「ひとり時間」を使ってぜひ妄想してみてください。

ごちゃごちゃの頭がクリアに

かつて会社員時代、私は複数の上司からくる資料を、パワーポイントで、キレイに見やすく作り替える仕事をしていました。

一日に何度もプレゼンがあり、クライアントの業種も、メーカー、金融、エンターテインメント業界などさまざまなので、同時並行で違う頭に切り換えなければならないこともたくさんありました。

今の仕事でも、複数のタスクを同時に進めなければならず、いったいどこからどう手をつけたらいいかわからなくなり、心臓がドキドキすることもよくあります。

そんなとき、私は、**「ひとり時間」を使って今抱えている問題をノートに書き出す**ようにしています。

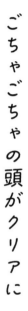

- 何を？
- いつ？
- どのくらいの精度で？
- 連絡先は誰？
- どのくらい時間がかかる？
- 期限を守るためにしなければならないことは何？

これらの問題点を、一つひとつ書き出してみると、「忙しすぎて絶対できない」と思っていたことも意外にできそうだと気づいたり、自分ひとりで抱えていたことも誰かに頼めそうだと気づいたりするのです。

こうして、ごちゃごちゃした頭を整理することにより、心理的なプレッシャーからも解放されるようになります。

また、理由がわからないのになんとなく不安なとき、私はノートを取り出して、箇

週末不安解消シート

頭の中のブルーをクリアに

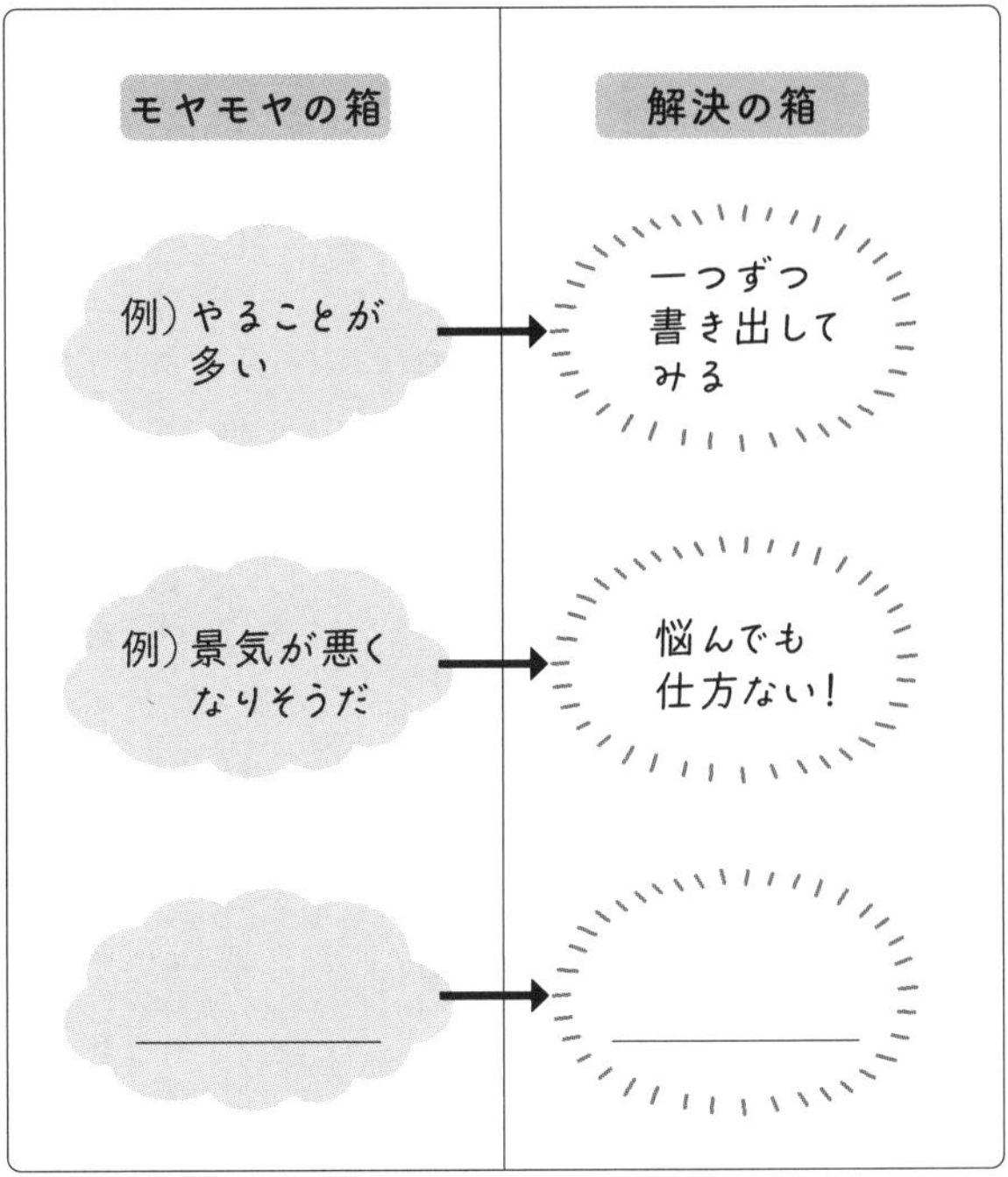

モヤモヤの箱
解決の箱
例）やることが多い
一つずつ書き出してみる
例）景気が悪くなりそうだ
悩んでも仕方ない！

不安や悩みは、大小にかかわらず「モヤモヤの箱」（左側）に、考えられる策を「解決の箱」（右側）に書いてみる。自分ですぐできそうなことが見えてくる

単な図を書くようにしています。

紙の左側のスペースに「モヤモヤの箱」を、右側に「解決の箱」を作り、間に「→」（左から右への矢印）を書きます。箱の中に、頭の中のモヤモヤを一つひとつ書き出していくと、自分がいったい何に不安を感じているかが頭から吐き出されて、「見える化」されます。

ここまでくると、浮き足立っていた気持ちが落ち着いてくるのがわかります。図に書き込んで眺めることで、客観的に物事を考えられるようになるからです。

悩んでも仕方がない問題と、悩むべき問題も明らかになってきます。

自分自身がその問題をどう乗り越えていけばいいのかは、じつは自分が一番よくわかっているのです。この作業は「ひとり時間」に進めるのが最適です。

この図の使い方のステップは3段階です。

①ノートに、洗いざらい自分が抱えている不安を順不同でいいので記入する（この段階では、モレやダブリは気にしない）

②書き出した不安を「モヤモヤの箱」に書き込む
③自分が動くことで事態が解決しない（コントロールできない）不安は心配するのをやめ、自分が動くことで解決する（コントロール可能な）不安に注目

「自分がコントロールできない不安」とは、たとえば、天災や景気に左右される将来の出来事や、もう自分の手から離れてしまっていて相手の返事を待つだけの案件、プレゼンの際などの過去の失敗、誰かに言われたイヤな言葉などのこと。

ただし、注意してほしいのは、「コントロールできない問題」と判断してしまったものの中にも、よく考えれば、じつは自分の努力でなんとかなるものもあることです。

たとえば、「残業が多すぎるのは、そういう職場環境だから仕方ない」と思っていても、自分の段取りの悪さやコミュニケーションのまずさが原因のこともあります。

迷ったときは周囲に助言を求めたり、自分に次のような質問を投げかけるのもいい手です。

「自分が何かすることで、少しでも事態を変えられるか？」

質問の答えが「YES」ならコントロール可能なもの、「NO」ならコントロール不可能なものです。これは、不安に思っていることを明らかにし、書き出して向き合うという行為なので、ある程度痛みが伴います。

しかし、見ないことにしてきたものに向き合うことで、問題点が明らかになり、今まで分散されていた考えがまとまるので、不安を感じたときにぜひ活用してみてください。

「幽体離脱」方式で平常心をつくれる

どんな人でも、どうしても自分と合わなかったり、苦手だったり、一緒にいると苦痛を感じるという相手は思い浮かぶと思います。

私にも苦手な人はいます。そういう人に対して、「とにかく一緒にいると気分が悪いから、あの人のそばへは行かない、関わらない」というように過剰反応しがちです。

でも、そんなときも、**「ひとり時間」で「私は、どうしてこの人が嫌いなんだろう？」と分析してみると、嫌いな気持ちが減り、むしろ受け入れたり、軽く流したりすることができる**ようになるのを実感しています。

つまり、感情と思考を区別するのです。

たとえば、「そんな言い方しなくていいのに」というような言葉を投げかけられたときは、一瞬ムカッときます。何を言われても心に波を立てないようになりたいと思うし、その訓練もしていますが、まだ未熟なのでついプリプリしてしまいます。

そんなとき、冷静な自分を取り戻すためには、自分を外から見るような感覚を持つといいと思います。

私はこれを私流に「幽体離脱《ゆうたいりだつ》」と呼んでいます。怒りそうになったら呪文《じゅもん》のように「幽体離脱、幽体離脱……」と唱《とな》え、唱えながらムカッと来た自分を冷静に分析してみるのです。


「どうして私は、この言葉にムカッと来たのか？」

「ほかの人に言われたら、ムカッとはこないのか？」

「言い方がきついからか？　相手の顔が怖いからか？　それとも、自分の感情が不安定だからか？」

「相手は、どういうつもりでこの言葉を発したのか？」

「どういう言い方をされたら、私は怒らなかったのか？」

こうして自分に質問を投げかけてみると、感情的な自分から一歩引いた自分に戻ることができるのです。

これを続けていくと、自分が頭にくるときの傾向と対策がデータベース化されて、やがて自分の心の中にある何かに気づくのです。つまり、自分の価値観とか、ムカッと来たり、うれしいと感じたりする「着火点」です。

この価値観、着火点がわかると、価値観を曲げてまでつき合うべき人なのか、ちょっとした行き違いさえ解消できたら仲よくなれそうな人なのかが、だんだんとわかってきます。

私は、「誰とでも仲よくつき合いましょう！」というつもりはありません。「どうしても合わない」と感じる人とは無理につき合わず、徐々に距離を置いていくようにしています。

価値観が違う人と我慢してつき合うことは、すなわち、自分の大事な人生をないがしろにすることだと思っています。それに、自分が「合わない」と感じていると、必ず相手にも伝わります。接することによってお互いにイヤな思いをするくらいなら、最初から接点を持たないほうがお互いのためです。

だからこそ、冷静に相手のこと、自分のことを分析します。その上で、この人とつき合うと**自分が乗り越えるべき課題が明らかになるか、それとも、単に自分が傷つけられるだけかをじっくり「ひとり時間」で考える**のです。

私の場合は、嫌いな相手に、どこか自分と似た部分を感じることが多いことがわかっています。

私は、自分自身に「どうしてもイヤだ、直したい」と感じる欠点があるとき、イヤな部分をことさらに意識することで、その欠点を直すように努力してきました。そんな私から見て、同じ欠点を持っているのに平気でいる人に苦手意識を感じたり、心の中で責めたり、と過剰反応してしまうことが多いのです。

逆に、自分がコンプレックスに思っている部分を軽々と乗り越えてしまう人のことを、「私はこんなに頑張っているのに、なんでこの人よりうまくいかないのだろう。悔しい！」と嫉妬《しっと》してしまう傾向もあります。

そのことに気づいてからは、嫉妬で避けていた人のことも純粋に「すごい」と思って憧《あこが》れ、「どうしたらこの人みたいになれるか勉強しよう」と、素直に思えるようになりました。自分と似た欠点を持つ相手にも「そうそう、私もこういうときがあったなあ」「なんか私と似ているなあ」と愛着すら感じるようになり、むしろ積極的に関わりたいと思えるようになったこともあります。

先日、尊敬している友人から聞いた言葉で、印象的なものがあります。

「行為を憎んで人を憎まず」

「罪を憎んで人を憎まず」はよく聞く言葉ですが、人の行為にフォーカスすると、新鮮な響きが感じられました。

これは、私が飲み会の席で、「あの人にこんなことを言われて傷ついたから、もうあの人とは距離を置こうと思う」と何気なく話したときに言われた言葉です。

ハッとしました。ある行為にイヤな思いをしたとしても、それはその人の一部分にすぎない。たった一つの行為だけで、その人をまるごと嫌いになったらもったいない。

自分が日々成長していくように、人も成長して変わる可能性を持っているのです。

それなのに、「あの人はこういう人だから、もうつき合わない！」と決めてしまうのは、人生の広がりを封《ふう》じてしまうようなもの。頭ではわかっていたつもりでしたが、はじめてストンと腑《ふ》に落ちました。

とはいえ、仕事でもプライベートでも毎日顔を合わせなければいけない人に対して、「どうしても合わない」「考えを変えてつき合おうと思っても、なかなかうまくいかない」と感じることもあるでしょう。

そんなときは、その人を何かの動物にたとえて、ぬいぐるみを着てワーワー騒いでいると思い込み、「この人は人間同士のコミュニケーションが取れないんだ。かわいそうだなあ」と割り切るようにしています。

たとえ傷つくことを言われたとしても、「人間じゃないからしょうがないな」と話半分に聞き流してしまい、自分の感情に波を立てないようにすればいいのです。

ほかには、「この人を反面教師にしよう」と思うこともいいかもしれません。「こういう言い方は、自分なら絶対にしない」と思ったら、「じゃあ、理想の人間ならどう伝えるかな？」とその都度考えるようにすれば、「理想の人間リスト」ができあがります。

「頭にくる人間リスト」より「理想の人間リスト」を作ったほうが、毎日が楽しく送れそうですよね。

マイナスの感情は、誰もが持っていて当たり前。だから、しっかり、どうしてそういうふうに思ってしまうのか、何が自分をそうさせてしまうのかを、「ひとり時間」で考え、自分の考え方のクセを受け止めてみませんか。

「自分実況中継」と「バーチャル秘書」

前項で「ひとり時間」にできることの一つとして、「幽体離脱」するように、自分のことを外から見てみる効用についてお話ししました。もう一つ、自分を外から見るやり方として、自分を「実況中継」するワザがあります。

自分自身を、もうひとりの自分が見ているような気持ちで、別の角度から自分を冷静に見つめてその様子を言葉にしてみるのです。

怒りそうなとき、なんで自分は怒っているのだろうと見つめます。悲しくて泣きそうなときも、今どうして自分は泣こうとしているのだろうと考えます。

そして、それを実況中継してみるのです。

「さあ、池田千恵が怒り始めました！　『あいつの言い分はなんだ、私はこんなに頑張っているのに！』と、自分の頑張りが結果を出していないことを棚に上げて、相手に怒りをぶつけようとしています！　さあどうする池田千恵！　この怒りをそのままメールにして返したら、暴力メールになってしまうぞ！　いったんクールダウンする必要があります！」

というように、頭の中でアナウンサーが実況中継しているかのように考えると、そのうち怒っているのがなんだかバカらしくなります。

この「自分実況中継」も、ここまでに何度か取り上げた「モヤ様」を言葉という形でしっかり意識するための効果的な手法です。

モヤ様を自分の頭の中で放し飼《が》いにしたままだと、その原因がどこから来ているかわかりません。だから同じ状況に直面するたびに、同じモヤモヤをくり返し、なんの解決も見られないのです。

人は、他人のことはよくわかるのに、自分のことは全然わからないものだといいます。もちろん、自分実況中継しても、完全に自分が自分から離れることはできないから、本当に正しい「客観的な自分」が見えるかどうかはわかりません。しかし、少なくとも頭の中にモヤッとした気持ちをモンモンと抱えたまま何もしないよりは、客観的になれる気がしています。

スマホで自分が話しているところを録画してみたり、Ｚｏｏｍのミーティングを録画して自分の発言パートを見直してみたりするのも、自分を客観化するのに有効です。「語尾をはっきり言わないでモゴモゴ曖昧にしているな」「髪の毛を時々触るのが気になるな」「『あのー』がやけに多いな」といったように、ふだん何気なくしているクセがわかります。

自分の動画を見るのはとても恥ずかしいですよね。最初のうちはダメなところばかり目についてつらいかもしれませんが、他人はあなたのその姿を毎日見ているわけです。自分自身を見て「こりゃダメだなー」と思ったちょっと不快なクセを直すだけで、印象がぐんとアップすると思ったらやる気が出ませんか？

何気ない仕草《しぐさ》のほか、自分ではなかなか気づかない口グセを客観的に見るためにも録画は有効です。私はプレゼンを指導する仕事をしていますが、自分の意見や考えに自信がないとき、次のような口グセが出ることが多いです。

◎「個人的な意見ですが」「間違っているかもしれないですが」「自戒《じかい》を込めてですが」といったように、自分の意見を言う前についい前置きを入れてしまう

● 語尾をはっきりと言い切ることができない
● 意味もなく最後に、「ふふっ」と笑ってしまう

このような自分のクセを、まるで自分ではなくほかの人を見るようにちょっと離れて観察して、逆に「宝探し」をするような気持ちになって探してみてはいかがでしょうか。

私は、連載や本の執筆のときも、文章を書きながら、「ひとりダメ出し」をするようにしています。

具体的には、文章を書いていて論理に飛躍《ひやく》があることに気づいたとき、そこで手を止めるのではなく、「前の文章とあとの文章で言っていることが違う」「何をエラそうに書いてんの?」「この話の流れは意味不明」「あとでデータの裏づけが必要」といった「心のつぶやき」「ツッコミ言葉」を、赤ペンで入れながら書き続けるのです。

このことによって、勢いが出てきたときに、その勢いを止めずに文章を書き続けることができます。あとでこのツッコミを中心に、もう一度文章を見直せばいいのです。

この段階では文章がめちゃくちゃでも、とりあえず書けた、ということで達成感を得ることができます。その上で、見直す際にこのツッコミ言葉を冷静に分析し、文章を整えていくのです。

これは自己客観化の訓練にもなる上、冷静な目で文章を何度も見直すことになるので、ひとりよがりな表現もだんだん少なくなってきます。

もう一つ、**自分に「バーチャル秘書」を雇《やと》う**のも有効です。

スケジュールをパンパンに入れてしまい、「絶対無理だ。でも気合いでやる！」なんて考えそうになったときは、

「池田さん！　こんなスケジュール、気合いでやろうと思っても無理です！　あなたは同時並行でいろいろなことができない性格なのだから、いい加減それに気づいて、順番で物事を処理できるようにスケジュールを組み直してください」

と隣で秘書が騒いでいる姿を想像するのです。

すると、「ああ、そうだよな。気合いじゃ無理だよな」と、ハッと気づくことができるようになります。

知らない間に「場数」が踏める

私が「ひとり時間」でやっていることの一つに、「ひとりだけれど、ひとりでない状態」をつくる方法があります。

そう聞くと「どういう意味？」と思われるでしょう。それはこんな場面です。

講演や企業研修の直前に、大きな鏡があって、大きな声を出せる部屋を借りて行なう「ひとりプレゼン」の練習です。身振り、声の大きさ、話の流れなどをシミュレートするのです。

人前で話すなんて、かつての私からしたら、とんでもなくハードルが高いことです。だからこそ、準備の時間はしっかりと取るようにしています。

企業研修や講演を生業《なりわい》とする方とお話しする機会が増え、緊張してなかなかうまく話せなかったり、いいことを言おうとして失敗したりする悩みをぶつけると、決まって返ってくるのは「場数だよ」という言葉です。

誰でも最初からスラスラと、よどみなく話せるわけではなかったということです。だからこそ、まだまだ場数が少ない私は、「ひとり時間」を使って、少しでも場数を増やすようにしています。

鏡つきの部屋で練習するのにも理由があります。

自分がこういうふうに見られている、ということを意識して、「第三者目線」を意図的につくるのです。つまりこれが、「ひとりだけど、ひとりではない状態」です。

もちろん、練習につき合ってくれる第三者がいれば、適切なアドバイスをもらえるのでもっといいのですが、いつも練習につき合ってくれるほどヒマな人は、なかなかいませんよね。だからこそ、自分でなるべく客観的な目を意図的につくるようにしているのです。

また、なぜ、講演や研修のたびに練習するのかについても、理由があります。

毎回全力で準備しないと、失敗したときに自分に言い訳をしてしまって、改善の余地が狭まるからです。

ここまでやったから大丈夫、というところまで準備して、今できる最高のパフォーマンスをするように気持ちを引き締めます。これをしないで適当に済ませると、本番で失敗したとき、「本当の私はこんなにできないわけじゃない」とか、「あのときは、たまたま体調が悪かったからうまくいかなかった」と、失敗した原因をほかに求めるようになるのです。

逆に、「大丈夫!」と思ったところまで準備したのに失敗すると、とても落ち込みます。「ああ、私ってまだまだだな」と思い知らされることも多く、そのときは、とてもつらいものです。

だから逃げたくもなりますが、ここで目をそむけると、いつまでたっても「本当はもっとできるはずだ」と勘違いしながら人生を送ることになるのです。

自分が全力で立ち向かわないと経験できない気持ちは必ずあります。

だからこそ、いったん自分で自分をたたきのめすのです。そうすると、浮上するしかないので這《は》い上がれるようになります。

私は何度もその落ち込みを経験しました。今も落ち込むことは多いのですが、起きたことを事実として分析するためには、全力でぶつからないといけないのです。

「これだけ準備したのに、この程度しか話せないのか！」と、自分で自分にツッコミを入れたいような結果になることも多々ありますが、それでも、この準備をするのとしないのとでは、自分の心の持ちようが違ってくることを実感しています。


講演や研修というのは、ある程度テーマの内容が重なることが多いものです。そこで、何度も同じことを聞かれ、同じことを話していると、つい慣れが生《しょう》じがちです。

先日、ある小さな講演会でスピーチをする機会があったのですが、過去に何度か話したことがある内容を改めて話すことにしました。一度話したことがある内容だし、前回はうまくいったし、しかも今回はそれほど大きな規模ではないし……と、ちゃんと準備をしないで向かいました。

ところが、壇上に立った瞬間、頭の中が真っ白になって、自分でも何を言っているのかわからない状態になってしまいました。

このとき改めて、「私は過信して天狗《てんぐ》になると、すぐにグダグダになる」という事実に直面して猛省《もうせい》しました。

自分は慣れていても、目の前にいる相手は常にフレッシュな気持ちを持っているのです。その気持ちを忘れないためにも、鏡の前で自分と向き合い、自分は相手にどう見えているかを意識しなければなりません。

その講演会でのスピーチは、当初、ユーチューブで動画配信する予定でしたが、あまりにもひどい内容になったので、主催者《しゅさい》にアップしないように土下座する勢いでお願いしました。

私はまだ「ひとり時間」で十分に準備をする必要がある、と実感した出来事でした。

読書効果も倍々に！

私は「早朝グルメの会」という、朝7時からホテルを会場に、贅沢《ぜいたく》な気分で朝食をとる会を、朝活コミュニティ「朝キャリ」のメンバーとともに開催しています。

当初はただ、早起きしておいしいものを食べるという目的で集まる会でしたが、せっかくみんなが集まるので話題のきっかけとなるように、各自でおすすめの本（雑誌でもOK）を持ち寄り、自己紹介とともに3分程度で紹介するようにしました。

すると、自分ではまず選ばないようなジャンルの本の話が聞けるので、視野が広がります。会は朝8時半に終わるので、9時オープンの書店にそのまま直行し、すすめられた本を買うこともしばしばあります。

読書はまさに「ひとり時間」でないとできないこと。じっくり楽しみたいものです。

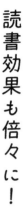

また、**朝と夜で、本の読み方をちょっと変えれば、読書はもっと楽しくなります。**変え方のキーワードは次のとおりです。

- **朝読書＝理性**
- **夜読書＝感情**

朝は、誰かから電話がかかってくることも少なく、周囲に邪魔されることが少ないため、集中力が高まっている状態です。また、朝は前日の情報が脳内で整理済みのため、夜に比べて頭に情報が入りやすくなります。その特性を活かし、すぐに行動につながる実用書や、雑誌なら情報誌を読むのをおすすめします。

夜、本を読んで、「へぇーなるほど。試してみよう」と思っても、一晩寝ると何を試すのか忘れてしまうことってありませんか？　電車での移動中などのスキマ時間で読書しているときに「いいな！」と思ったアイデアも、移動先に着くと忘れてしまったりしませんか？

ところが、**朝のまとまった時間で読書をすると、腰を据《す》えて読めるので意識が分散**

しない上、「試してみよう！」と思ったことをすぐに実践できるようになるのです。

「鉄は熱いうちに打て」とはよくいったもの。得た知識にブランクを入れず、すぐに実行することで、さまざまなスキルアップにつながります。

たとえば、ある人との関係があまりうまくいっていないときは、コミュニケーションスキルやアサーティブスキル（相手も自分も大事にして自己主張する）関連の本を読み、そこに書かれていることをその日のうちに何か一つ実践してみる、というのもいいでしょう。朝は得た知識をすぐに実行できて、効果も実感しやすいものです。

逆に、**夜は、実行するというよりも、深く考えるような読書がおすすめ**です。

小説に感情移入したり、哲学書に触れて深く考えたり、伝記を読んでその人の人生を追体験したりと、想像がふくらむものを時間を気にせずに読むことができるのは、何よりも贅沢な時間です。

心に残ったフレーズを手帳に書き写したり、感想をブログに綴って、考えを熟成させたりするのにも、夜の時間は適しています。

5章

家族がいても、仕事が押しても……

「誰にも邪魔されない時間」はつくれる、守れる

「スキマ時間」ならここにある！

「子どもの世話で精いっぱいで、『ひとり時間』なんて1秒たりとも取れない」

「仕事をして、家に帰ったら家事をして、一生懸命に取り組んでいるうちに、あっという間に時間が過ぎてしまう」

そう考えている人にとって、「ひとり時間」はハードルの高いものに思えるかもしれません。でも、絶対にひとりでいられる長い時間をつくらなければいけないわけではありません。そんなに難しく考えなくてもいいのです。

「毎日、忙しい」という人は一度、自分の一日のタイムスケジュールを冷静に書き出してみてはいかがでしょう。

ネットをボーッと見ていたり、テレビをつけっぱなしにしていたり、LINEやメールチェックを頻繁にしていたりと、意外とムダにしている時間は多いもの。その時間を意識的に「ひとり時間」に振り分けることができればいいのです。

たとえば**「スキマ時間」だって、立派な「ひとり時間」**。

トイレに入る時間、ゴミを捨てに一瞬外に出る時間、相手がまだ待ち合わせにこない時間……。考えてみれば、「ひとり時間」はいたるところに転がっています。こう考えてみれば、ちょっとした「ひとり時間」探しが楽しみになってきます。

仕事のシチュエーションでも、長い時間をかけてプレゼン資料を作ったのにもかかわらず、相手側の都合でアポが流れてしまったとき。「自分の時間を返せ！」とイライラするのではなく、「その時間でもう一度資料を見直してブラッシュアップしよう！」と思い直せばイライラすることも減ります。「ひとり時間が増えてラッキー！」という思考回路に変わります。

前にもお話ししたように、用事で出かける際に、予定時間の15分か30分前に現地の近くに行き、カフェでホッと一息つく。それも立派な「ひとり時間」です。

たった5分でもいい、自分がホッとできる時間、充実する時間、自分磨きができる時間、将来の準備ができる時間……。

これらはみんな「ひとり時間」なのです。

「みんな時間」の中に「ひとり時間」をすべり込ませる

「ひとり時間」が取れそうな週末の午後。

家で「今までできなかったことをやろう」と思っていたのに、気づいたら、ふだんはしないキッチンの掃除を始めてしまって、結局やろうと思っていたことができなかった……。

そんな経験はないでしょうか？

「ひとり時間」が大事だと頭ではわかっていても、新しいことを始めるのは基本的に面倒でつらいことだから、ついこうして現実逃避してしまうこともあります。

「時間をつくりたい！　でもひとりになると、ついダラダラしてしまう……」と悩む人におすすめなのは、「みんな時間」の最中に「ひとり時間」を持つ方法です。

それは、**何も話さないけれど、ただ集まる会を開催する**という提案です。

具体的な手順は次のとおりです。

①「ひとり時間」をつくりたい仲間を募る（2〜3人の少人数がおすすめ）
②場所（レストランやカフェなどがおすすめ）を決める
③集まったら、お互いが見える個々の席に座って黙々と「ひとり時間」を楽しむ

それぞれが目的を持って集まり、互いの顔が見える場所で同じように頑張っている仲間がいるというだけで連帯感が生まれます。

また、「自分だけがボーッと時間を過ごすわけにはいかない」というほどよい緊張感も生まれます。


これは「ピア・プレッシャー」（仲間からの圧力）と呼ばれる、心理的負荷によるものです。

仕事や飲み会などでも、「早く帰りたいのにまわりの目が気になって帰れない」と

いうことがあるように、ふだんはあまりいい意味で使われることがない心理的な「圧」ですが、これを前向きに利用してしまうのです。

今はオンラインでも、こういった会を開催しやすくなっています。

私が主催する朝活コミュニティ「朝キャリ」でも、週に3日ほど「もくもく会」と称して、朝の時間にもくもくと作業する会をＺｏｏｍを使って開催しています。「ピア・プレッシャー」の威力は絶大なので、ぜひ試してみてください。

いつものルーティン作業は「二毛作作戦」で時短化

忙しい中でも「ひとり時間」を確保するためのおすすめの方法があります。「二毛《にもう》作《さく》作戦」です。

「二毛作」という言葉を聞くのは、小中学生のときの社会科の授業以来かもしれません。2種類の作物を、時期を変えて同じ土地で栽培《さいばい》することですね。

つまり、1粒で二度おいしくするにはどうしたらいいかを常に考えるようにするのです。

たとえば、2階建ての一軒家に住んでいる場合、2階から1階に下りるという動作と、掃除を組み合わせます。

2階と1階のそれぞれにお掃除シートなどを置いておき、階段の上り下りをするときに掃除をするようにすれば、掃除と移動が一度にできます。

そのほか、私は次のようなこともしています。

- 朝起きてスマホを見ながら、顔にシート状のパックを乗せて肌の手入れをする
- オーディオブックで本の朗読《ろうどく》を聞きながら、化粧をしたり、朝食を作ったり、部屋を片づけたりする

とくにオーディオブックはおすすめです。「耳でする勉強」といってもいいでしょう。ふだん、目や手は使っていても、耳は意外に空いていることが多く、何かをしながらでも聞けるので気に入っています。

最近はポッドキャストやVoicy《ボイシー》のような音声メディアも充実してきて、著名人や尊敬する人の生の声を、まるで一緒に飲み会に参加しているかのように聞くことができます。耳を有効活用すれば、洗濯物を干したり、料理をしたりしている時間もすぐに「ひとり時間」にすることができます。スマホの読み上げ機能などを使って、Kindle《キンドル》（Amazonの電子書籍サービス）などのテキストを読み上げてもら

うのも便利です。機械の声なので最初は違和感があるかもしれませんが、すぐに慣れます。ビジネス書のようにノウハウを効率的に得るときはとくにおすすめです。

私の場合、オーディオブックで、古典的名著といわれているものをくり返し聞くようにしています。概念的な話が多いのですが、そのぶん、聞くたびに新たな発見があり、大きな学びがあります。

また、先輩経営者のノウハウを学ぶ上でもオーディオブックは役立っています。自分より一段上のものの見方、考え方を知ることができ、勉強になります。

「何かをしながらオーディオブックで勉強するのは疲れる」「音楽を聴いたり、リラックスしたりする時間にあてたい」という人はそれでももちろんOK。

「音楽を聴いてリラックスする」+「家事をする」という組み合わせも、立派な「二毛作」ですし、私も音楽で気分を切り替えたりすることはよくあります。

たとえば、録画したものの見られていないテレビ番組などを再生しておいて、朝の準備をしながらチラチラ見る、ということも立派な二毛作です。

「これとあれを組み合わせたら、二毛作になるかもしれない！」と、いろいろ考えるのも楽しいですし、頭の体操になるので発想が柔軟《じゅうなん》になります。

「宣言作戦」

〈相手の都合に振り回されない①〉

「遅刻する人は、自分のことを大事に思っていない人だ。なぜならば、自分がいてもいなくても、何も支障《ししよう》がないと思っているからだ」と先日、ある尊敬する方から教わりました。

この言葉を聞くまで、「遅刻は相手を大事にしないことだからいけない」と考えていましたが、同時に自分も大事にしない行為でもあると考えるようになりました。

「ひとり時間」を大事にしていると、相手の時間に対する配慮もできるようになってきます。**自分が「ひとり時間」を大事にするように、相手にも貴重《きちよう》な時間があるということが実感としてわかるようになるからです。**

「5分、10分の遅刻ならまあいいか」と自分を許してしまうと、それが当たり前になって時間の感覚が鈍《にぶ》ります。時間の感覚が鈍るから、遅刻を悪いことだと思わなくなります。しかし、遅刻をくり返すと、「あの人はそういう人だから」と、ほかの部分でいくらきっちりしていても、だらしないイメージを持たれてしまいます。だらしないイメージが植えつけられると、話す言葉に説得力がなくなります。

そんなあなたがいくら「ひとり時間」がほしい、と主張しても相手に納得してもらえません。

もったいないことだと思いませんか？　まずは、きっちりした人だというイメージを作ることが大切です。

相手の時間を大切にすることは、自分自身を大事に考えることにもつながります。そしてその積み重ねで、結果的に自分の「ひとり時間」もコントロールできるようになります。

相手の時間をムダにしない工夫は、ほかにもあります。

誰かと会う約束をした場合、とくに自分よりも目上の人と会うときは、最優先で相手の日程を聞き、それに自分の予定を合わせるというのが基本的なマナーだと考えられています。

こちらとしては「いつでもけっこうです」と伝えておきながら、相手に自分の都合が悪い日時を提示されてしまい、先約をキャンセルしてでも相手に合わせざるをえなくなると、勝手ながら自分にもストレスが溜まります。また、相手が提示した予定にどうしても都合が合わせられない場合には、気まずい空気が流れてしまいます。

状況にもよりますが、**最初に「私の都合がいいのは○時～○時です」、もしくは「絶対NGなのは○日と○日です」と、何パターンかを宣言してしまうことをおすすめします。**そうしないと、かえって相手に失礼になる場合があるからです。

このことで苦い経験をした場面を、今でも思い出します。

そのころ、私はダイエットに励んでおり、当時流行《はや》っていた「ビリーズブートキャンプ」を家で必死にこなしていました。その様子をSNSに上げていたところ、挨拶を1～2回したくらいできちんとお話ししたことがなかった憧れのAさんから「私もビリーをやっている」というコメントをいただいたのです。

それを機にメールをやり取りするようになり、一度、Aさんが通っているジムに行って、体験入会しながら話しましょうということになりました。私はAさんが忙しいだろうと遠慮して、Aさんの予定を最優先させるために自分の予定を一切伝えずに、「Aさんに合わせます」と連絡しました。

ところが、Aさんが提示した予定が、ことごとく私の予定とバッティングしていたのです。「その日はちょっと難しいです。申し訳ございません」と伝えるのを何度もくり返し、結局、Aさんとの連絡は途絶えてしまいました。最初から、NGの日を伝えていれば、あのような失礼なことにはならなかった、と反省しています。

自分は、相手に会っていただく立場だから、と必要以上に遠慮して自分の予定を明らかにしなかったばかりに、かえって「あと出しジャンケン」のように「この日はNGです」と伝えるのは、もっと失礼にあたります。

たとえ相手が目上でも、自分にとって都合が悪い日時ははっきりと伝えることが、結果として自分も相手も大切にすることにつながるのです。

「自分ハブ化計画」

〈相手の都合に振り回されない②〉

「ひとり時間」をつくりたいと頑張っても、積み残した仕事やクレーム対応、なかなか帰らせてもらえないつき合いなど、「ひとり時間」を阻《はば》む魔の手はたくさんあります。それを断ち切るのはなかなか大変なことです。

自分が予測した時間どおりに物事が進まないと、イライラしますよね。「せっかく今日は早く帰って勉強をするはずだったのに、あの人のせいで台無しだ」などと責任転嫁《てんか》の考えに陥《おちい》ってしまうこともあるでしょう。

そこで、予測どおりに物事を進めるために提案するのが、「自分ハブ化計画」です。何事も、**自分が時間を決める環境に身を置き、周囲にその時間に従ってもらえるように工夫する**のです。

各地から航空機が集まってきて、乗り換えの拠点となるハブ空港のように、物事が自分をいったん経由して進むよう段取りを考えるということです。

「自分ハブ化計画」が進めば、相手に時間を左右されることなく、自分で自分の時間をコントロールすることができるようになります。

「自分はそれほど重要な立場じゃないから、そんなことはできない」と、尻込みをしてしまうかもしれません。でも、工夫の余地はいろいろあります。

たとえば、飲み会など夜の会合があるとき、自分が主催者になってしまうのも「自分ハブ化計画」の一つ。主催者になると、いろいろ面倒なことが多いし、より時間が取られそうでイヤだな、と思うかもしれません。

でも、自分が主催すれば、日程も終了時間も決めるのはすべて自分。二次会を開催するもしないも自由なので、むしろ自分の大事な時間を周囲に握られることが少なくなります。今日はどうしても23時には寝たい、と思ったら、家まで帰る時間、お風呂に入る時間などを加味して、21時ごろ終了になるように段取りを組めばいいわけです。

私はかつて、年に一度、「5月9日はゴクゴクの日」という飲み会イベントを主催していました。17時9分（5時9分＝ゴク）にスタート、そして19時過ぎにはサクッと終了。二次会をしたい人は自由に集まって飲んでね、というスタイルにしていましたが、十分楽しめるイベントでした。

誰かと一緒に食事をするときも、私は誘われるよりも自分から誘うことにしています。自分から誘って「ホーム」であるなじみのお店に来てもらうことで、時間管理や料理の調整もしやすくなります（ただし、相手との距離感や関係性によっては、自分がいろいろと決めるのが失礼にあたる場合もあるので、臨機応変に対応してください）。

こうして「自分ハブ化計画」が進むと、予定が狂ってしまってなかなか時間どおりにできない、というイライラから徐々に解放されますし、万が一、時間管理がうまくいかなくても、人のせいではなく自分のせいだと思えば、心おだやかにいられるようになります。

「ブロック作戦」

〈相手の都合に振り回されない③〉

「ひとり時間」は、「つくりたいな」「できないかな?」とぼんやり思っていてもなかなかつくれないものです。

人は、相手との約束は当たり前のように守ろうとするのに、自分との約束は「まあいいや」とないがしろにしがちなものだからです。

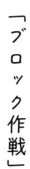

でも、よく考えてください。「それってちょっとヘンだな」と思いませんか?

あなたは自分の人生の全責任を負っています。そのあなたが、自分との約束をないがしろにしてしまったら、いつまでたっても責任ある行動はできません。何より、自分でなく相手に主導権を握られている感覚が抜けないので、何か予定外の出来事があったとき、つい、人のせいにしてイライラしてしまうことになりかねません。

つまり、自分との約束を守らずに過ごしていると、思いどおりにいかないときについ誰かに八つ当たりしてしまい、結果的に相手のことも大事に思っていないことにつながるのです。

相手との約束、自分との約束、どちらも大事にするために、**自分にきちんとアポイントを入れる**ことをおすすめします。

意識して、「今度の週末は、自分の時間をつくるんだ」と決めておき、しっかりと予定に入れてしまいましょう。もちろん、予定どおりにいかないことがあるかもしれませんが、意識しておくのとおかないのとでは、気持ちの余裕も違います。そして、「いつの間にか予定が入っちゃった」と受動的な気分でなく、「この日は予定を入れない日だったけど、入れざるをえない。その代わり、次の週末に改めて自分との約束を果たそう」などと、能動的な判断ができるので気分も違います。

たとえば、私が平日に仕事を進める上で心がけている、**「ブロック予定日」**という手があります。

これは、一切の連絡をシャットアウトして、作業に集中する時間をつくる（ブロックしてしまう）もので、コンサルティング会社に勤務していたとき、上司だった重役の仕事ぶりをマネして始めた習慣です。

外資系コンサルティング会社の重役ともなると、顧客のいる海外を飛び回ったり、会社全体の売り上げを考えたり、加えて部下の面倒も見なくてはならず、気づけば自分の時間なんてとても持てない状態になってしまいます。

とくに大事な仕事の前には、意図的にほかの用事を入れないようにしないと、とてもまとまった時間がつくれません。だから前もって、自分で自分に「この時間は空けておく」と約束してしまいます。

私もそのやり方を見習って、マンスリーのスケジュール帳を眺め、だいたい1～2カ月先で比較的時間が取れそうな日を週1～2日、えいやっと決め、「ひとり時間」の「ブロック予定日」にしていました。

週末もいろいろ予定があるとブロックできないのですが、朝の時間、夜の時間で比較的自由な時間が取れそうな日を「ブロック予定日」とします。

ブロックする日は、スケジュール帳に太めのペンで目立つように囲ってしまいます。

こうすると**「あ、自分は週末のこの日は『ブロック予定日』にしているんだな」と常に意識できるようになるので、予定などが入りそうなときも意識して、ブロック予定**

日以外にはめこめるようになります。

「ブロック予定日」にしていても、どうしても入ってしまう予定もありますが、四角できちんと囲って、自分の「ひとり時間」に対する意識を高めているおかげで、囲っている日は、ほかの日よりも少ない予定になっているはずです。

たとえば、あなたが高校生で運動部の部活をやっているとします。コーチから「今から校庭を10周走れ」と言われたらペース配分ができますが、ただ、「今から校庭を走れ」と言われ、いつ終わるかわからないまま走らされるのはつらいですよね。

終わりの時間やピークの時間を知らされていないまま、延々と頑張り続けることは難しいもの。「この『ひとり時間』で冷静に考えるために、今、目の前にあることをきちんと片づけよう」とか、逆に「この『ひとり時間』に自分のエネルギーのピークを持っていこう」ということを、ペン一本で意識することができるのです。

そして、この訓練をしていくと、相手に予定を握らせず、自分でコントロールしているという実感が徐々に湧くようになります。こうして、「ひとり時間」は自分の意志でつくるものだという意識が高まっていくのです。

週末予定ブロック作戦

「ひとり時間」をしっかり確保する

	Saturday			Sunday		
	朝	昼	夜	朝	昼	夜
第1週		ひとり時間				
第2週					ひとり時間	
第3週	ひとり時間					
第4週						ひとり時間

何も予定を入れない時間（＝ひとり時間）を、月はじめなどにあらかじめ手帳に書き込んでおく

「確認」は、念には念を入れておく

〈予定を狂わされない①〉

「ひとり時間」確保のためには、工夫すれば回避できるはずのことはしないよう心がけるのもポイントの一つです。

回避すべきもののわかりやすい例として、仕事の残業で考えてみます。

避けたいのは、自分の確認ミスによる残業です。

確認ミスはひとえに、コミュニケーションミスです。「おそらく相手はこう思っているだろう」と勝手に決めつけて、その想像のもとに自己流で作業をしてしまったあと、じつは相手は違うことを求めていたことがわかる……。これはコミュニケーションミス以外の何物でもありません。

最初に確認さえすれば必要がなかったムダな作業が防げれば、そのあとに「ひとり時間」を確保できたかもしれないのです。そうならないための一番のカギはコミュニケーションの取り方です。

たとえば、上司から指示を受けたとき、自分の取るべき行動と上司が期待する行動の擦《す》り合わせをしておかなかったために、仕事内容を把握できずにもう一度上司に聞きに行く。上司に聞かなければ仕事が進まないけれど、上司は会議や外出でなかなか捕《つか》まらない。だから待ち時間でどんどん時間が過ぎていく。思いあまって自分の推測で、仕事を進めてしまう。その結果が上司の期待するものでなかったとしたら、もう一度やり直す労力は大いなるムダです。

これまで私も、このような失敗を数多く経験してきました。

資料作成中、ラフイメージの段階でこれでいいか方向性を上司にチェックしてもらわなかったため、どのレベルまで仕上げればいいかわからずに、上司の確認をもらうまで数時間、ひたすら待ち続けるような残業をしたり……。

必要なコピーがカラーか白黒かを最初に確認しておかなかったために、大量の印刷がスタートできずに残業になったり……。

これらの残業は、資料を作る前に確認しておくことをあらかじめリスト化しておけば防げた話です。このような羽目にならないように、きちんと自分でマネジメントをしておかなければなりません。

また、指示を受けた内容で、「自分ひとりで進められること」「相手がいないと進められないこと」をきちんと分けて、作業の手順を考えることもポイントの一つです。

自分ひとりで進められるところまで作業が終了し、上司や同僚に確認してもらえる状態になってから、さあ、と上司のスケジュールを確認するのではなく、最初に上司から都合のいい時間を聞き出しておいて、それまでに間に合わせておかないといけない作業は何なのかを考えるのです。

当時、私が勤めていた会社では、上司やメンバーのスケジュールがオンライン上で確認できたので、早めに出社してスケジュールを把握し、そこで作業のシミュレートをして段取りを組むように徹底しました。

すると、このひと手間で、同じことでも作業手順が劇的に改善したことを覚えています。

問題を週末まで持ち越さない

〈予定を狂わされない②〉

「5W1H」（いつ、誰に、どこで、何を、なぜ、どのように）と、「報連相」（報告・連絡・相談）は、新入社員が最初に覚えるべきビジネスコミュニケーションの基本といわれています。

「5W1Hなんて、今さら何を」と思われるかもしれませんが、社会人として最初に教わる基本的なことだからこそ、バカにしないで徹底的に実行することが「ひとり時間」の確保にも直接つながります。

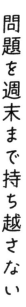

私は、お客様に図解資料作成のコンサルティングを行なう際、この5W1HにHow much（いくら）を加えた「5W2H」の質問票を常に持参するようにしています。

自分が伝える相手、その目的、意図する結果など、ブレてはいけない点を最初に紙に書いておき、ことあるごとに見直すようにしているのです。

また、上司の指示が仮に曖昧だったとしても、その曖昧さを上司のせいにしていてはいけません。曖昧なものを、曖昧なまま、放っておいた側がいけないのです。「本当にいつも曖昧なんだから、まったくもう！」と思ったらそのままにせず、「こういうことですよね？」「ということは、私はこうすればいいんですよね？」と確認して、上司の期待と自分の行動をこまめに擦り合わせ、一致させておく必要があります。


たとえば、あなたが企業の広報担当で、来年の新卒採用のための会社案内を作ることを任されているとします。ある朝、上司から突然、「今日○時から開催の新卒採用セミナーに出席して、その様子の写真を撮っておいて」と言われました。さて、どう対応すればいいでしょうか。

そこですぐに「はい、わかりました」と答えてしまうのは、いい対応とはいえません。なぜなら、この上司の言葉だけでは、期待している写真がどんなものかがわからないからです。

「セミナー講師が堂々と話しているカットがほしいのか？」「参加者が大勢集まっていてセミナーが盛況《せいきょう》な様子がほしいのか？」「はたまた、単なる社内の議事録として開催した事実がわかるものでいいのか？」など、細かい部分がわからないので、指示をもらった時点で確認する必要があるのです。

また、パンフレットに使う写真とホームページに載《の》せる写真では、求められる画像の解像度も違ってきます。

こうした細かい部分を確認せずに自分の思い込みだけで指示を解釈してしまうと、**万が一、間違えたときにリカバーするために「ひとり時間」が侵《おか》されてしまうことになります。**

自分がすべきことを瞬時に考え、シミュレートできるようになると、ムダな作業が減り「ひとり時間」を守れます。

また、「何を→どうしたら→どうなった」という事例が自分の中にストックされていくため、どんどんと質問の精度が上がり、作業スピードが上がってきます。

私の場合は、朝の時間を使って、「こう聞かれたらこう聞く」というシミュレーションと経験のストックを積み重ねることで、仕事力を徐々に上げていきました。まずは条件反射のように「わかりました」という言葉を使わないことが大切です。

ここまで読んだ方はおわかりかと思いますが、「『ひとり時間』をつくる」ことと、「今、与えられている仕事を一生懸命頑張る」ことは、一見関係がないようで密接な関係があります。

「『ひとり時間』がほしいから、仕事を適当に流す」のではなくて、「『ひとり時間』がほしいからこそ、しっかり仕事を頑張る」ことが必要なのです。

仕事におけるムダな作業をなるべく避け、生産性を上げるために頭に入れてほしいのは、「PPTの法則」です。

「PPTの法則」とは、Purpose（目的）、Process（過程）、Teamwork（チームワーク）の略です。この順番で物事を考えることにより、仕事内容にブレがなくなり、考えがまとまるようになります。

たとえば会議に出席するとき、その会議の目的（Purpose）、その目的を達成するために必要な過程（Process）、その中で自分に求められている役割（Teamwork）を意識できるよう、ノートにそれぞれの項目を作っておきます。そして会議中は、3つの項目を埋めるように意識してメモするのです。

このひと手間により、何も準備せずに出席するよりも、会議にぐっと集中できるようになります。

また、会議終了後に自分がどう行動すべきかが明確になるため、「結局どうすればいいの？」と困ったり、ムダな時間を使ってしまうこともなくなります。

「家族の協力」を得られるコツ

ここまで、「ひとり時間」が仕事で侵食されることへの対策をあげてきました。ここからはプライベートでの対策も考えていきます。

家族と一緒に暮らしていると、なかなか自分だけ「ひとりになりたい」とは言えないものですよね。とくに共働きの方など、お互いに家事を分担している家庭では、言い出しにくい場合も多いでしょう。

お子さんがいる家庭の「ひとり時間」のつくり方は193ページでも取り上げますが、まずはまだ子どもが産まれる前の、我が家の例をご紹介します。

コツはとてもシンプル。一見楽しそうじゃないことをすることです。「楽しそうなこと」ではありません。「楽しそうではないこと」です。たとえば、試験勉強、筋トレ、ランニングなどです。やっている本人はけっこう楽しんでいるのですが、はたから見たら「なんでそんなことしてるの？」と思われる場合も多いわけです。

私は当時週2〜3回の「朝のランニング」を習慣としていました。将来的には夫も巻き込んでランニングしたいと思っていたのですが、当初夫は「イヤだ」と言って、一緒に走ってくれませんでした（最終的には、私がホノルルマラソンで完走できたのを見て、夫もやる気になり、夫婦でフルマラソンを完走できるようになりました）。

私にとってのランニングは、当時「ひとり時間」で自分と向き合うための儀式でした。「朝ラン」を習慣とすることで、不安から逃れることができたからです。

起業を決心し、6年間勤めた外資系コンサルティング会社を卒業した直後に、リーマンショックが起こりました。会社を辞《や》めたのはいいけれど、このあといったい自分はどうなっていくのか……不安で仕方がありませんでした。

この不安をどうやったら打ち消すことができるだろうか。

当時の私には、ひたすら考えること、昼夜《ちゅうや》・土日問わず不安が消えるまで働くことしか思い浮かびませんでしたが、当時お世話になっていた経営者仲間の多くがランニングやトライアスロンにハマっていて「モヤモヤが晴れるよ」「リフレッシュできるよ」とすすめてくれました。

ちょうど親戚が集まる会で「ホノルルマラソン」の話題が出たこともきっかけとなり、「そうだ、ホノルルマラソンに出よう！」と思い立ち、長距離をまともに走ったことがないのにもかかわらず、さっそく申し込んでしまいました。

じつは、私は子どものころからの運動オンチ。鉄棒の逆上《さかあが》がりすら、いまだにできないほどです。

小中学校のマラソン大会は、仮病《けびょう》で欠席しようとしたり、わざと風邪を引こうとして大会の前に薄着で外に出たりしていたものです。「マラソンなんてやる人の気が知れない。なんで苦しい思いをしてまで走るの？」と思っていました。

ところが、「そんな私の対極にあるようなホノルルマラソンを完走することができたら、もしかしたらこの不安が吹き飛ぶのではないか」……そんな気がしたのです。

当時はわらにもすがる思いで始めたマラソン練習でした。

まずは、朝日を浴びながら、近所の川沿いを走り始めました。

最初はつらかったのですが、徐々にそれが気持ちよさに変わっていきました。汗と一緒に不安な気持ち、自分のドロドロとした気持ちが流れていくような感覚に包まれたのです。

太陽の光を浴びると、体の底からエネルギーが湧き上がってきます。走っているうちに、悩みごとの解決策がふと浮かぶことも多く経験しています。

最終的には子どもが産まれるまで毎年、ホノルルマラソンに出場するのが恒例になり、6年連続で完走しました。子どもが小さいうちは忙しくてなかなか走れなくなったのですが、そろそろ息子と一緒にランニングを再開しようと思っています。

ランニングも1章でお話しした「アクティブ孤独」の一つです。

孤独といっても、**家に閉じこもって過ごすだけでなく、外を淡々と走ることも立派な孤独です。**

ハマった人にしかわからない「苦しくて楽しい」感覚のおかげで、「ひとり時間」もつくることができて、一石二鳥です。

たとえば、家族旅行中だって「ひとり旅気分」は味わえる

家族と暮らしていても、四六時中一緒にいることはせずに、ある程度「ひとり時間」を確保することも大事です。

私はふだん、家の中でも夫婦別の部屋で、お互いに趣味や仕事の時間を取るようにしています。夫婦二人の旅行でも、ずっと一緒ではなく、別行動をしていたこともしばしばです。

ふだんの休日、家でのんびりしているときも、同じ部屋にいてもお互いに別々のことをしていることが多くあります。それでも、共通の趣味である温泉や食べ歩きがあるので、そのほかの趣味はそれぞれが好き勝手にやっていても、うまくいっています。

また、私と夫は、子どもが産まれる前は平日の生活パターンがずれていました。

私は朝4時起きの朝型ですが、夫は7時起床でとくに朝型というわけではありませ

んでした（今は夫婦だけならず、親子で早寝早起きです。私と夫は21時就寝の朝4時起き、息子は6時半起きですが、子どもが起きるまではそれぞれ自由時間を過ごしています）。

私は朝5時半～6時ごろには家を出ていたため、夫婦の朝の会話は「おはよう」「行ってきます」くらいです。でもそのぶん、夜に話す時間はたくさんありますし、何かあったらメールなどでコミュニケーションは十分取れています。

コミュニケーションは、時間ではなく密度です。ダラダラと長い時間一緒にいることだけが、家族とのコミュニケーションではありません。限られた時間でもしっかりコミュニケーションが取れれば、家族の気持ちが離れることもないと考えています。

それに、**「ひとり時間」が取れるからこそ、相手のことを大事にできます。**

「ひとり時間」を「自分の贅沢な時間」としてとらえ、相手のために何かしなければならない、という考えからいったん離れることで、かえって相手のことを思いやる気持ちが芽生えるようになります。

「ひとり時間」を大事にすることができれば、自分の時間が取れないストレスから家族に八つ当たりすることもなくなります。

先日、あるワークショップで、女性からこんな相談を受けました。

「私は朝4時起きで、夫は6時起きです。朝4時から6時までの2時間で、家事をするようにしています。でも、夫が起きるまでに家事を済ませてしまうと、なんだかせっかく早起きしているのに、自分の時間が結局取れない気がして、なんとなく腑に落ちないのです」

せっかく早起きしてできた「ひとり時間」を家族のために使ってしまうことに、なんとなく割り切れなさを感じている様子です。こんな場合は、「朝時間＝自分を甘やかす時間」と決めてしまうことをおすすめします。

たとえば、いい香りの泡風呂にゆっくり入ってみたり、トーストしたばかりのパンをしぼりたてのオレンジジュースとともにゆっくり頬張《ほおば》ったり、お気に入りのアーティストのライブ映像を観たりして、朝から自分を徹底的に大事にするとテンションが上がります。そして、「自分は朝早く起きて頑張っているのに、夫は起きてこない」などという感情が生まれにくくなり、人に対しても優しく接することができるようになります。

子どもがいたら「ひとり時間」は無理なのか？

子どもがいる共働きの家庭の場合、「ひとり時間」なんて持てるわけがない、と最初からあきらめてしまいがちです。

とくに子どもがまだ幼い場合、突然熱が出て仕事を休まなければいけなかったり、雨が降ったせいで保育園のお迎えに遅れたりと、自分でコントロールできない要素が多くなります。

でも、そんな中でも工夫次第で、時間のやりくりはできるようになります。

その証明が、私の大学時代からの友人です。

残業が多いＩＴ企業の「第一号ママ社員」として、小さい子どもを育てながら、正社員として働いています。

彼女にヒアリングしてわかったことは、ワーキングマザーならではの「ひとり時間」確保の工夫でした。

しかも彼女の話には、子どもがいない家庭でも、ひとり暮らしの人でも役立つ工夫が満載でした。

工夫のためのキーワードは、大きく分けて次の４つです。

①区切り
②割り切り
③見える化
④協力

それぞれ、ポイントを見ていきましょう。

①区切り

彼女の勤務時間は、月・火・金曜日が8時半〜17時、水・木曜日が9時半〜17時。残業時間は月に10時間以内をキープしています。

限られた時間の中でまず気をつけているのが「区切り」です。「この仕事は明日にしよう」と思っても、もしかしたら子どもの具合が悪くなって仕事を休むことになるかもしれない。そう思うからこそ、仕事をあと回しにしないように心がけているそうです。

帰宅する17時までの勤務時間を意識し、一日一日、しっかり仕事を終えていくのです。

具体的には、1時間1ブロックとして物事を回していくことを意識します。ミーティングなどの相手がいる仕事はたいてい1時間単位で入ってくるので、それに合わせて自分の仕事の時間割を組むようにします。「17時まで」と大ざっぱに把握するよりも、1時間単位のほうが締め切り効果もあり、より集中できるとのこと。

「区切り」のときに気をつけるべきポイントは、午前中を自分ひとりで作業する時間にして、なるべく午後にミーティングを持ってくるようにすることです。

朝は人が少なく、ミーティングも朝イチに入ることは少ないと思います。だからこそ、朝は自分の仕事にスタートダッシュをかけるにはもってこいなのです。

17時に退勤するためには、16時開始のミーティングに要注意です。なぜなら、17時過ぎまで延びることが多く、会議室から自席へ戻る時間なども考慮すると、17時ちょうどに退勤できない可能性が高いからです。

やむをえず16時にミーティングがある場合は、すぐ帰れるようにミーティング開始前に身のまわりの準備をしておく、ミーティングの議事録係であればすぐに議事録を仕上げられるように前もって準備しておく、といった工夫が必要です。

②割り切り

割り切りの工夫としては、「見直しに必要以上に時間をかけない」ことをポリシーとして仕事を進めます。

たとえば、レポート、プレゼン資料などを作成する際は、最初に「これでよし」という基準を決めるようにします。着手する前にゴールを決めておくのです。

時間をかければかけただけ納得がいくものができると思いがちですが、時間は無限ではありませんし、ある一定のところまでくると、成果と費やした時間は比例しなくなります。

だからこそ、自分にとってのゴールを把握し、「完璧は求めない」と割り切ることが大事です。

このことによって、何度も見直したり、「もう少し」と思って何度も書き直したりという時間の使い方をしなくなります。

メール、アンケート、評価シートなど、いつか返事しなくてはいけないことは、「二度見禁止」のルールを作って割り切ってしまいましょう。

返事が必要なものはすぐに返事をしてしまいます。あとで書こうとすると、もう一度必ず読み直すことになり、すぐに返事をするのに比べて時間と労力が2倍以上かかるからです。

優先順位を決めておくことも重要なポイントです。あと回しにする、先に手をつける、など「こういうときはこうする」と自分の優先順位づけのルールを作っておき、判断に迷わずにスケジュールを組み立てられるようにします。

例にあげているIT企業の彼女の場合、子どもがいるからといって、残業をせずに毎日ぴったり17時に帰るのではなく、残業日は月・水曜日の週2日と「割り切って」います。なぜなら、残業にも、次のような「最初は思いもよらなかった」効果があるからです。

- まわりの人に対して、自分がきちんと仕事に取り組む姿勢を見せられる
- 週5日のうち、2日間残業ができれば仕事のしわ寄せも吸収でき、勤務時間の不足も調節できる
- 残業日が固定されていると、部署の打ち上げなどにも出られるようになる
- 「ママじゃないと眠れない、食べない」と子どもがぐずる場合も、毎週決まった曜日にママがいないと「そういうものだ」と思ってくれる

そして、残業日には、締め切りがある仕事をすると決めています。

残業日には、夫かベビーシッターが子どもの面倒を見るように、家族の約束も取りつけています。

このことで、仕事を中途半端にせずに責任を持ってやりとげることができるし、チ

ームメンバーに心苦しい思いをしないで済みます。

「みんなが頑張っているのに、自分ひとり早く帰るのが心苦しい」という心理的負担については、慣れるまでは、会社のチームの人となるべくすれ違わないような時間に退勤するなどして、心の負担を下げておくことも「割り切り」の一つです。

最初は退勤しづらいと思っても、リズムがつかめてくれば、まわりもわかってくれます。

周囲への感謝を忘れずにリズムを作ることを意識しましょう。

③見える化

見える化は、たとえば次のように進めます。

- 「翌日することのリマインド（思い出すこと）」
  翌日何をしたらいいかすぐ思い出せるよう、翌日にすべきことを、前日のうちにメモしておくことで、「えっと、なんだっけ？」の時間を減らせる
- チームのメンバーに「17時退勤」とあらかじめ伝えておく

たとえば、オンライン上でチームメンバーと共有できるスケジュール機能などがあれば、自分の予定欄にあらかじめ「17時退勤」と入れておく。すると、ミーティングの設定などの際に、考慮してもらいやすくなる。

④協力

あまりにもやるべきことが多すぎて「どうして私だけこんなに忙しいの」とイライラするとき……。「私はこんなに忙しい」とアピールしても、なんの解決にもなりません。

忙しいからこそ、相手に「協力したい」と思ってもらえるよう、しっかり事情を話したり、周囲への細かい配慮をしたりすることが大切です。

例にあげているIT企業の彼女は、ミーティングをセッティングしてもらう際、月曜日の午前中と金曜日はなるべく避けてもらうように頼んでいます。その際に、次の理由をきちんと話すことで理解を得ています。

◎月曜日の午前中……週末に子どもに体調不良があったときに病院に行くことが多く、同じ事情を抱えた親たちで病院が非常に混むため、出勤時刻がずれることが多い
◎金曜日……子どもの発熱が多い。前の週末にウィルスや菌をもらってきたとき、潜伏《せんぷく》期間をへて発症するのが木・金曜日あたりだから

仕事で協力体制を取ってもらうために、もう一つ彼女が工夫していることは「お迎え警報」です。「お迎え警報」とは、夫婦のどちらかが「子どもの様子が何かヘンだな」と気づいたとき、すぐにその気配をメールや電話などで連絡し合う仕組みのことです。

保育園では、誰かが風邪や病気になれば、かなりの確率で感染します。園内でのそのようなニュースをつかんだら、「今日はお迎えコールがあるかも」と、早めに警報を出すようにしているそうです。

「お迎え警報」を出すと、次のような効果があります。

- 締め切りがある仕事について、早めに手を打てる
- 翌日に出勤できない可能性が高いので、その日にミーティングが入っていれば事前にメンバーに伝えておける
- 保育園からの電話を常に取りやすい状態にできる

「わかってくれるはず」「言わなくてもわかってほしい」という思い込みを捨て、事情を話してみましょう。やむをえない事情をくわしく話せば、相手も理解してくれるはずです。

また、彼女は残業日と、夫が面倒を見られない日は、ベビーシッターをお願いしています。子どもが熱を出した、といったピンチのとき以外にも、毎週決まった曜日に来てもらい、洗濯物をたたんでもらうなどの家事をお願いしているとのこと。

ベビーシッターというと、何か特別な家庭のようなイメージがあるかもしれませんが、時間を確保してやりくりするための必要経費と割り切り、そのぶん仕事を頑張る、と決めているそうです。

「育児で忙しい自分を察してほしい」と受け身で考えるのではなく、「育児で忙しい中、成果を出していくにはどうしたらいいか?」「どうやったら意欲を見せることができるか?」「どうしたらみんなが協力してくれるか?」を考え、行動していくことで、変えられないと思った仕事の環境まで変えることができるのです。

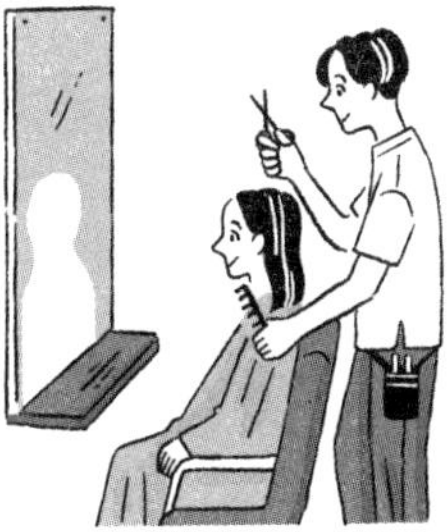

ママ友パパ友と一緒でも「ひとり時間」がつくれた秘訣

子どもの習いごとのつき添い時間中やその待ち時間中、多くの場合が手持ち無沙汰《ぶさた》で、その間ママ友、パパ友と会話するのも気を使うし、ちょっと疲れるときがありますよね。

子育て中でなくても、友だちとまではいかない距離感の人と、待ち時間の会話に困る場があると思います。

私が主催する朝活コミュニティ「朝キャリ」メンバーのアイデアが「なるほど！」と思ったので紹介します。

お友だち親子と子どもの「折り紙」の体験講座のつき添いで児童館へ行くことにな

り、講座終了までの待ち時間は小一時間あったそうです。小一時間となると、わざわざ帰宅したりどこかに出かけるのも面倒なので、その場にいるしかありません。

そのとき、一緒にいるママ友とは読書好きで話が合うことを思い出し、**「この時間はお互い好きな読書をして過ごしませんか？」**と提案したところ快諾《かいだく》してもらえ、待ち時間をそれぞれの読書タイムに。講座終了後は、子どもたちを交《まじ》えて一緒にカフェでおしゃべりも楽しんだそうです。

人と一緒にいながらも、お互いを尊重しつつ、好きな「ひとり時間」をつくることができるんだなと感心しました。こうして自由な「ひとり時間」をそれぞれつくれるってステキですよね。

6章

最高のリフレッシュ&リラックス

どれから始める？「頭と体に効く」リスト

せっかくの「ひとり時間」を絶好調気分で過ごす法

「ひとり時間」を充実させるために、自分にとって「いいことが起こりやすい」「気分がよくなる」環境はどんなものか、つまり**「ラッキー環境」**を考えてみませんか？

ポイントは、「験担《げんかつ》ぎ」に頼りすぎず、なぜその環境だとうまくいきやすいのかを分析することです。

私はかつて、大切な日の前日は必ず「とんかつ」を食べる「験担ぎ」をしていました。しかしあるとき、験担ぎのはずのとんかつが、自分を縛る「呪《のろ》い」のようになっていることに気づきました。というのも、胃がもたれていても、食欲がなくても、この習慣をやめてしまったら翌日大失敗してしまう気がして、やめられなくなってしまったのです。多いときは週に3度も、食べたくもないとんかつを食べていました。

ところがある日、食中毒にかかってしまい、どうしても「とんかつ」を食べられないまま、勝負の日をむかえることになりました。でも、なんの問題もなく、すんなりとうまくいったのです。

このことから、一般的なジンクスに頼って縛られるよりも、自分が本当に心地よいと思う環境を知り、その環境に身を置くことが大切なのだと気づきました。

具体的には、次のようにして自分だけの「ラッキー環境」を探ってみましょう。

たとえば、「今日は何かとうまくいくなー」というときの自分の状態や環境を把握しておいて、頭のデータベースに入れておきます。こうして、自分の「運気が上がる」ストックをどんどん増やしていくのです。

ここでも181ページで取り上げた5W2H（いつ、誰に、どこで、何を、なぜ、どのように、いくらで）でチェックしていくことは役立ちます。

「まわりはどんな環境だったか？」「場所・時間帯に法則性はあるか？」「持っていた道具は何か？」「何を食べたか？」「誰と一緒にいたか？」……などを細かく分析するのです。

私の「ラッキー環境」は次のとおりです。

- 禁煙の環境が整っている朝のカフェで
- ブラックコーヒーを飲みつつ
- お気に入りの音楽を聴きながら
- ネット環境から離れて時間を過ごす

ただし、こだわりすぎると、全部の条件が揃っていないとダメという「呪い」になってしまうので、「どれか一つでも大丈夫」とゆるくルールを決めています。

ほかには、行った先のカフェが持つ「雰囲気」も大事にしています。

入ってみて、なんとなく「疲れた人たちが集まっているな」と感じたり、「隣の人の香水がやけにきつい」などと感じたりしたら、たとえ注文したコーヒーを飲み終わっていなくても、すぐに店を出るようにしています。疲れた人の「気」に、自分の「気」を毒されたくない、と反射的に思ってしまうからです。

また、身につける服やアクセサリーの色で気分を上げるのも手軽でいいですね。

私の場合、昔は黒とか紺《こん》といった暗い色の洋服ばかり着ていました。理由は、何にでも合わせやすい無難な色だからです。

しかし、数年前に、尊敬する方に「千恵ちゃんは、赤やオレンジみたいな、明るい色が似合う」と言われて以来、思い切って明るい色を着るようになりました。すると、気持ちまでパッと明るくなった気がして、性格まで変わってきたのを実感しています。

さらに最近気に入っているのは、憧れている人、参考にしている人になった「つもり」になる**「なり切り仕事術」**です。

私は、村上春樹さんの『走ることについて語るときに僕の語ること』（文藝春秋）を読んで以来、村上さんの仕事への取り組み方やマラソンに対するスタンスに共感し、私淑《ししゅく》（心の中でひそかに尊敬し、手本にする）するようになりました。

村上さんは長編小説を書くとき、朝4時に起きて9時まで集中して執筆し、そのあとは走ったり、泳いだり、自由に時間を過ごすそうです。たまたま朝4時起きというところに共感し、自分も本書を執筆するときにマネしてみたところ、なんだか村上さんのような大作家になった気分で、とてもはかどりました。

こうして、時には違う自分に「なり切る」ことで気分を上げていくのも、一つの手です。

運動やサウナ……汗の力を借りる

私は何かに行き詰まったとき、とにかく汗を流して気分転換するようにしています。そんなときに外に出て走るだけで、急にアイデアが浮かぶこともよくあります。同じ姿勢を続けて根《こん》を詰めていると突然ノビをしたくなるように、「静」をしばらく続けると「動」に転じたくなるのでしょう。何か、モヤモヤしたことがあったときも、走ると気持ちがスッキリ切り替わるのです。どうすべきかわからない悩みも、走っているうちにスッと解決策が見えたりします。

仲のいい友人に「運動は、運を動かすことになるんだよ」と聞いてからは、ますます運動が好きになってきました。

気が向いたときにサッと運動して、気分転換ができるのも、「ひとり時間」ならではのメリットです。

また、汗を流した日、達成感とともに飲むビールがおいしいのです！（朝からビールを飲んでいるわけではありません。念のため）

「ビールを飲んだら汗を流した意味がないじゃない」といわれるかもしれませんが、私にとってはこのビールが「ごほうび」で、テンションを高く保つ手段なのです。

スポーツジムにはサウナが併設《へいせつ》されていることが多いので、サウナを楽しむのもいいですね。

サウナに入る際、**汗と一緒に、毛穴から不安な気持ち、イライラ、ドロドロした煩《ぼん》悩《のう》など、よからぬものがじんわりと流れ出て、キレイな自分に生まれ変わるように想像する**のです。これをやると本当に気分がスッキリします。「今までクヨクヨしていたのは何だったの？」というくらい元気になります。

また、サウナの中は暑いせいか、あまり難しいことは考えられないので、どうでもいいことにボーッと思いをめぐらせることになります。自分の腕から吹き出る汗の玉を見ながら、「腕にはこんなに毛穴があるんだなー」などといったことを、つらつらと。でも不思議と、そんなときに、新しい仕事のヒントが突然降って湧いたりするのです。

私は筋肉量も少ないですし、走りのフォームも聞きかじりで身につけた自己流ランナーではありますが、走っていて思うのは、**身体の筋肉を鍛えると、同時に心の筋肉も鍛えられるのではないか**ということです。

運動して汗を流すのは気持ちいいことですが、もともと運動オンチの私にとっては、最初の一歩がおっくうなときもあります。また、走っているうちに「もう疲れたから歩いちゃおうかな」と弱気になることもあります。でも、そこを「あとちょっと」と頑張ってみることで、少しずつ、自分のできることが増えていく。その体験の積み重ねが楽しいのです。

「ジムに通う時間なんかない」という人は、早起きをしてゆっくりと半身浴するのはいかがでしょうか。バスソルトを入れてのんびり汗をかけば、気分もリフレッシュできます。

自分だけの「プチ・パワースポット」を持つ

あなたは「ひとり時間」をどこで過ごしていますか。

せっかくの時間、そこが「パワースポット」になるといいですね。

「パワースポット」というと、神社や仏閣《ぶっかく》、自然のエネルギーを感じられる景勝地《けいしょうち》のようなイメージを持つかもしれませんが、そんなことはありません。遠くまでわざわざ行かなくても、自分の心が不思議と落ち着く、エネルギーを充電できる、といった場所を見つけておけばいいのです。

それを私は、**「プチ・パワースポット」**と呼んでいます。プチ・パワースポットは、時間帯や気分、今いる場所に応じて複数持っておくといいでしょう。

私の場合、会社の目の前に神社があり、都会の中の緑のオアシスが広がっているので一瞬で癒《いや》されます。ほかには会社近くのホテルのラウンジ、早朝からオープンしているカフェ、自宅のリビングダイニングと、いくつもプチ・パワースポットと決めています。

カフェは時間帯によって混み具合が違うので、「ここが混んでいたら、近くのあのカフェ」というように代替案《だいたいあん》も用意しています。

ホテルの高層階ラウンジで外の景色を眺めながら紅茶を飲むと、ふだんのせかせかした気分から解放されます。

自宅のリビングダイニングは、ラッキーカラーのオレンジでインテリアを統一し、見える収納にしている鍋などのキッチングッズもお気に入りを揃えているので、なんとなくウキウキして、テンションを高く保つことができます。

自分の部屋を「プチ・パワースポット化」する場合は、たとえば、四つ葉のクローバーの押し葉を飾ったり、旅行先でひろった貝殻《かいがら》を集めたスペースを作ったり、いい香りのアロマを焚《た》いたりして、自分の気分を上げるための工夫をするのがおすすめです。

「ビタミン・パーソン」と出会う

あなたにとっての「ビタミン・パーソン」は誰ですか。

ビタミン・パーソンというのは、自分を元気づけてくれる人のことです。

「この人の考え方に共感する」「尊敬できる」という人を見つけたら、積極的に近づきましょう。ただし、近づきすぎるのではなく、その人のために何ができるかを「ひとり時間」で考え、その上で近づくことが大事です。

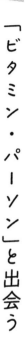

甘やかしてくれる人ではなく、あえて厳しいことも言ってくれるような人がいいでしょう。できれば自分と違う職業、立場、年齢の人のほうが視野も広がります。

「ビタミン・パーソン」には、適切なタイミングで、自分で考えて接するようにします。人間がビタミンだけでは生きていけないように、あなたがその人に頼りすぎてしまってはいけません。悩みを相談するときも、「どうしたらいいかわからない。助けてください！」という形ではなく、「こんな状況で困っていて、自分はこう考えて行動しようと思うのですが、どう思いますか？」というように相談したいものです。

あくまでも「ひとり時間」できちんと考えた上で頼るべきです。

「自分のまわりでは、なかなかそういう人は見つからない」という人は、芸能人や尊敬する著名な人に「私淑する」のもいいでしょう。SNS上で生の声を気軽に聞くこともできるので、ネット上で共感・尊敬できる人を追っかけてみるのもおすすめです。

そして、「○○さんだったら、自分がこういう行動をしたときにどう思うだろう？」「将来何かの機会に○○さんと話ができたとき、どんな自分でいたいだろう？」「どんな自分だったら、覚えてもらえるだろう？」と、「ひとり時間」で想像し、○○**さんに見られて恥ずかしくない行動をするように心がける**のです。

それだけで、自分だけだとダラけてしまいそうなときも、「きちんとした自分でいよう」と、いい意味での緊張感を持って日々暮らすことができます。

「早朝お参り」をしてみる

私は散歩中や外出先で心惹《ひ》かれる神社やお寺があれば、立ち寄って参拝《さんぱい》することにしています。

朝の神社・仏閣は人の気配が少なく、車の往来《おうらい》も少ないので空気も澄んでいます。朝日に照らされた鳥居や本堂は神々《こうごう》しく輝いていて、気持ちがシャキッとするのを実感できます。

私はあまり神社のことにはくわしくはないのですが、なぜか心惹かれる神社が神奈川県の江ノ島にある「江島《えのしま》神社」です。

ここは、広島県・安芸《あき》の宮島《みやじま》（厳島《いつくしま》神社）、滋賀県・琵琶《びわ》湖《こ》の竹生島《ちくぶしま》（都久夫須麻《つくぶすま》神社）とともに「日本三大弁財天《べんざいてん》」に数えられる名高い神社ですが、この神社を知るきっかけとなったのは、著者仲間3人で開催したイベントでした。

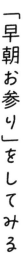

◎平日の朝7時半に片瀬《かたせ》江ノ島駅集合
◎お参りをしたあと、プチ講演会と本の販売、サイン会
◎本の売り上げはすべてお賽銭《さいせん》として奉納《ほうのう》

というもので、平日の朝7時半に、しかも江ノ島という場所にもかかわらず30名以上が集まり、8万400円もの奉納金が集まるイベントとなりました。

その効果かどうかはわかりませんが、3人の本が次々とベストセラーになり、はじめてのテレビ出演の機会をいただいたり、新しい仕事が舞い込んだりと、いいことが立て続けに起こりました。

遠くに見える富士山、朝日、神社、そして参加してくれた方々の前向きな気持ち……いろいろなところからパワーをもらった朝は最高の気分でした。

それ以来、数カ月に一度、早朝にひとり、江島神社を散歩しながらエネルギーをチャージしています。

私の場合、参拝するときは基本的に特定のお願いはせず、「いつも見守ってくださ

り、ありがとうございます」という感謝の気持ちだけを神様に伝えています。

とくに御利益《ごりやく》を意識することなく、なんとなく癒されにいくという〝ゆるさ〟がいいのかもしれません。

有名な神社や仏閣でなくても、近所を散歩してみると意外にステキな場所を見つけたりするものです。

グーグル・マップで「この緑色の場所はなんだろう？」と拡大して見ると、お寺や神社だったり、広い公園だったりします。

そうやって近所に癒しスポットを見つけてみるのもまた、「ひとり時間」の楽しみではないでしょうか。

出かけるとき、帰宅時の「プチトリップ」

毎日、同じパターンの生活をくり返していると、頭を使わなくてもいろいろなことができるようになります。

考えなくて済むのはラクである反面、「なんだかつまらないなー」「飽きてきたなー」と感じることがありませんか?

とはいえ、飽きたからといって、仕事やプライベートの環境をコロコロ変えるわけにもいきません。さらに、何か新しい趣味を見つけようとしても、自分が何をしたいのかもわからないまま、カルチャースクールやセミナーを探すのは、お金も時間もかかりますよね。

そんなときこそ、「ひとり時間」で、日々の生活に適度に変化をつけてみましょう。

具体的には、日々の移動方法に変化をつけて、気持ちをリフレッシュするのです。名づけて**「プチトリップ」**です。

プチトリップといっても、本当に旅行するわけではありません。「ひとり時間」を使って通勤路にちょっと変化をつけて楽しんだり、家に帰る前にカフェでちょっとのんびりしたりすることで、日々の生活にメリハリをつけてみませんか、という提案です。

たとえば私がよくやるのが、朝イチで仕事先に直行するとき、早めに家を出て目的地の近くのカフェに出向き、のんびりと「ひとり時間」を楽しむことです。

あるいは、打ち合わせが終わったあと、最寄りの駅からすぐに電車に乗るのではなく、わざと少し遠いけれど歩けるくらいの距離の駅を検索し、散歩しながらその駅に向かうこともあります。

このようにいつものルートから離れて、テクテク歩いていると、まわりのビルやカフェ、木々の様子を眺める余裕が出てきます。

いつもとは異なる環境に身を置くことで、頭が活性化して面白いアイデアが浮かぶことが多いような気がします。

リフレッシュというと、温泉に行ったり旅行に行ったりしないとできない、と思いがちですが、日々の「ひとり時間」のちょっとした工夫でリフレッシュは十分可能なのです。

実際に旅行に行けない場合は、グーグル・アースを使って世界中の衛星写真を見て旅行に行った気分になったり、ハワイの音楽を聞いて「エアハワイ」を味わったりするだけでもリフレッシュできますよ。

思いっ切り泣いて「心のデトックス」体験

「自分を癒す」というと、楽しいこと、気持ちのいいことばかりをするイメージがあります。しかし、私はわざと悲しい涙を流したり、気分を落としたりしてみることも、じつは気持ちを浮上させるコツだと実感しています。

気分が落ちるだけ落ちたら、あとはもう、上がるしかありませんから。

さすがに毎日これをしていたら暗くなってしまいますが、3～4カ月に一度、こうして心を思いっ切り解放するのも、「ひとり時間」だからこそできることです。

悔しいとき、苦しいときは、思いっ切り感情を爆発させます。感情を爆発させた当日はそのままその気持ちに浸り、余計なことは考えないようにします。

ただし、それをそのままでは終わらせず、次の日には、「自分はどうして苦しいのか、悔しいのか」を分析するようにしています。

私は、自分が大事にされていないと感じると悔しくなるクセがあります。「自分と同じ状況なのに、あの人だけどうしてこんなにいい思いをするのだろう」とか、「あの人のためを思ってしてあげているのに、自分には見返りがない」と思うと悲しく、悔しくなる、という傾向がわかっています。

でも、そんな心が狭くて小さい自分を、次の日に冷静に分析すると、「よし、もっと頑張ろう、大きい人間になろう」とやる気が湧いてくるのです。

「泣く」とひとことでいっても、さまざまな涙があります。

もちろんヒューマンドラマなどを観て流す感動の涙もデトックス効果がありますが、逆に惹かれ合っている二人が結ばれない悲恋《ひれん》映画、最後は一家離散してしまう救いようのない小説など、落ちるところまで落ちる物語で徹底的に暗い気分に浸るのも、じつは効果があると思います。

もちろん、そのときは落ち込むでしょう。徹底的に悲しい気分になり、どんよりとしてしまいますが、わざと落ちるところまで落とす。落ちるとあとは浮上するしかないから、よいしょ、と立ち上がるエネルギーが湧いてくる気がするのです。

これは、翌日に目が腫《は》れても支障がないような日に、きちんと「泣くぞ！」と心に決めて行ないましょう。友人や家族などを誘ったりせず、ひとりで決行します。これも「ひとり時間」ならではです。

映画館にひとりで行って、まわりを気にせず思いっ切り泣くのもよし。人目を気にしない場所にこもり、ひたすら小説を読みふけるのもいいでしょう。

そして、泣くときは、ひとりで部屋にこもっている場合は、わーん、と声をあげて泣くようにします。泣くことによって、自分の中のドロドロした気持ちが浄化されていくのを実感します。

泣いたあとは、驚くほどスッキリした気分になっているはずですよ。

書くだけで気持ちの整理がつく「自分振り返り」

「ひとり時間」は、マイナスな感情を前向きに昇華させることにも使えます。

誰にも「あの人にだけは負けたくない」とか、「自分はこんなに頑張っているのに、なんであの人だけが」というドロドロした感情があると思います。でも、その感情を自分を成長させるためのエンジンにするか、相手を恨《うら》んで終わるか、が成長の分かれ道。

頭の中にいつまでも置いておかずに、ペンを手に取ってそんな感情を書き出すことで、自分を客観的に眺めるのです。名づけて「自分振り返り」です。これは、放送作家の鈴木おさむさんの著書（『完全版　テレビのなみだ　仕事に悩めるあなたへ』朝日新聞出版）の中の「嫉妬年表」の話から想像を広げて作成しました。

嫉妬年表とは、鈴木さんが、自分がどんな人に嫉妬してきたかを客観的に見るために作ったものだそうです。自分の年齢をまず書いて、その横に当時、一番嫉妬心を抱

ひとり時間「自分振り返り」

たとえば、これまで一番嫉妬を感じたことは?

年齢	嫉妬した相手	嫉妬の理由	自分が取った行動	行動の結果
例）18歳	Aさん	私より勉強ができる。	張り合って勉強した。	勉強を頑張る習慣がついた。
例）23歳	Nさん	型にはまらない自由さがうらやましい。	うらやましくて、行動をマネした。	いつの間にか自由な発想が身についた。
＿歳				

「気持ちの整理」にじっくり取り組めるのも、〈週末ひとり時間〉のメリット

いてきた人の名前を書いてみます。そのことにより、自分がいつ、どんなとき、どのようなタイプの人に嫉妬したかがわかります。嫉妬の対象が変わるたびに、それが自分の成長の記録となっていることがわかったそうです。

いつもは、何事も書き出すのに適した朝の時間帯をおすすめするのですが、これはあえて「夜」に書くことをおすすめします。なぜなら、**ドロドロした感情だからこそ、それをムキダシにできるように「夜」を利用する**のです。そして、その感情が生まれたあとの自分の行動や、その結果どうなったかを、一晩寝かせた上で、翌朝に見直すようにすれば、今度は「感情」だけでなく「事実」にフォーカスして冷静に分析できるようになるので、書き出す効果はさらに高まります。

私の場合、嫉妬して相手の言うことを聞かなかったり、クヨクヨ、イジイジして結局何も行動につなげられなかったりしたときは、必ず自分の望まない結果が生まれるということに気づきました。「マイナスの行動には、必ずマイナスの結果がついてくる」と、いろいろな本で書かれていますが、私は書き出すことでこの事実を改めて実感し、頭だけでなく心から納得しました。自分の貴重なエネルギーをマイナスに向けず、前に進む糧《かて》にするために、試してみてはいかがですか。

あなたにとって一番の「ゆっくりポイント」を

自律神経研究の第一人者で、アスリートや芸能人など「本番の勝負強さ」が必要な人たちから絶大な信頼を寄せられている、順天堂大学医学部教授の小林弘幸先生は、著書『なぜ、「これ」は健康にいいのか？』（サンマーク出版）でこう書かれています。

先月のトーナメントでバーディーを連発したゴルフ選手が、今月は一転してボギーを連発し、予選落ちしてしまうということは決して珍しいことではありません。でも、それはその選手の実力が失われたということではありません。実力を出すために必要な「副交感神経のレベル」が下がってしまっているだけなのです。

ですから、このめまぐるしく上下する副交感神経を、できるだけ高い状態で維持することが、心身の健康を保ち、体の潜在能力を引き出すカギとなります。

小林先生によると、副交感神経の働きを高めるためのキーワードが「ゆっくり」と「立ち止まる」なのだそうです。

ゆっくりした呼吸、ゆっくりした動作、余裕を持った行動を心がけることで、生涯《しょうがい》にわたり健康に生きる方法を手に入れられるようになるとのこと。脳と身体の連携をコントロールする自律神経（交感神経と副交感神経からなる）をうまく調整できれば、人間は本来の能力を発揮することができるようになるのです。

私は早起きを習慣としていますが、私にとって「早起き」は、自律神経のバランスを整えるポイントだった、とこの本を読んで気づきました。

というのも、**早起きしてできた「ひとり時間」で、ゆっくりと考え、十分な準備をすることが可能になった**からです。十分な準備ができれば心に余裕が生まれ、それが一日のパフォーマンスを高く維持することにつながることがわかりました。

もちろん、すべての人に、早起きが自律神経のバランスを取るのに有効だというつもりはありませんし、小林先生もそういったことはおっしゃっていません。人それぞれに「ゆっくりポイント」があると思いますが、少なくとも私の場合は、朝の事前準備が、一日をより気持ちのいいものにするための方法だと実感しています。

最近、ありがたいことに、「朝活といえば池田千恵」のように言っていただける機会が増えてきました。

でも、「朝活」という言葉から、朝からテキパキ元気に動き回っている印象を持たれがちですが、じつは私が一番大事にしているのは、「朝、しっかりと段取りを組み、考える時間を取る」ことです。つまり、朝を「動」の時間でなく「静」の時間としてとらえているのです。


コンサルティング会社に勤務していた時代、私は「自律神経失調症」という診断を受けたことがありました。これは、検査を受けても明確な病因がわからない場合につけられる病名だそうですが、まさに、当時の私は自律神経のバランスが崩れていたと思います。

そのころの口グセは「忙しい」でしたが、今思えば、冷静に落ち着いて行動すればそれほど忙しくない状態だったのかもしれません。でも、あまりにも仕事が多すぎて、まるで上司が自分にだけ仕事を大量に振っている、私をつぶそうとしているという被害妄想にとりつかれていました。

そして、すぐに熱が出たり、お腹をこわしたりをくり返していました。もちろん、そんな状態でいい結果を出せるわけがありません。

社内での評価は下がる一方で、スキルアップのための社内研修も「出る必要がない」と受けさせてもらえなくなるありさまでした。研修を受けられないことでモチベーションも下がり、ランチや飲み会では、同僚にグチをこぼして発散していました。

また当時、私は夫から「瞬間湯沸《わ》かし器」と呼ばれるほど、怒りっぽい性格でした。ちょっとカチンとくるメールに対して、感情にまかせて書いた文面を見直すことなく、返事を送ることもありました。上司からネガティブなフィードバックを受け、自分の全人格を否定されたような気がして、泣きながら反論したことも何度かありました。

そんな自分を少しずつ浮上させてくれたのが、「ひとり時間」でした。

怒りにまかせて感情的な行動を取りそうになったとき、自分と向き合い、振り返る時間を意図的につくることで、冷静な自分を取り戻せるようになったのです。

あせって動き回って、事態をさらに悪いものにしてしまう「ネガティブスパイラル」の流れを断ち切ってくれる力が「ひとり時間」にはあるのです。

おわりに

「この週末、何してた?」

「この週末、何してた?」と聞かれたとき、「こんな楽しい週末だったよ!」とまわりに話せるようなステキな週末が送れたらいいのに。

「なんかパッとしない地味な週末だな……」

「私ってホント孤独だな……」

かつて私は、そんなことを思ったときもありました。

「どんな週末だった?」と聞かれて、「いや、とくに何もしていないし、ダラダラしていた」と答えるのって、けっこう勇気がいりますよね。

みんなのようにステキな週末を過ごしたい。ステキって思われたい。いろいろなところに行ってみたい。とくにSNSが広まってから、このように思う人が増えてきたように思います。絵になる日常を切り取るのがSNSだとしたら、「ひとり時間」は絵にならないものの第一位でしょう。

でも、絵になる週末って本当に必要なのでしょうか。

外から見たら「とくに何もしていない」ように見えても、自分としっかり向き合って、考えを大きく広げたり、心を豊かに満たせる準備をしたりしているわけです。そんな心の動きは目に見えなくても、絵にならなくてもすばらしい経験なのです。

本書では、意図を持って「ひとり時間」をつくる、過ごす方法をお伝えしました。少々大げさかもしれませんが、この本には「人生を変える」力があると思っています。人生が変わるというのは、つまり人生のとらえ方が変わるということです。

じつは、人になんと思われようが、「私は私！」と割り切った瞬間のほうが、外から見たら「絵になる」んです。自分自身を楽しんでいることが傍目《はため》にもわかるようになるからです。誰かにステキと思われるために日常を切り取るより、自分自身を「ステキだな」と心から思える自分に自信をもって、堂々としていればいいのです。

この本では「ひとり時間」をつくり、過ごすことで、「本当は自分はどう思っているのか?」「誰かの意見を自分の意見と思い込んでいないか?」「なんとなく愛想笑いで流しちゃった気持ちは本当なのか?」「一般的にダメだと思われているけど、やってみたいことはないのか?」……などを慎重に探り当てる、「自分と待ち合わせして、対話する」方法を紹介しました。

人にどう思われようが、何をしようが自由です。これからは、「この週末、何してた?」の質問には、「ひとりでゆっくりのんびり考えごとをしていたよ」と言ってしまいましょう。ひとりで自分を充電して、新たな道を進んでいきましょう。

次のあなたにつながる「ひとり時間」のヒントがこの本で見つかれば、これほどうれしいことはありません。

池田　千恵

参考文献

◎『走ることについて語るときに僕の語ること』村上春樹　文藝春秋
◎『なぜ、「これ」は健康にいいのか?』小林弘幸　サンマーク出版
◎『新・片づけ術　断捨離』やましたひでこ　マガジンハウス
◎『完全版　テレビのなみだ　仕事に悩めるあなたへ』鈴木おさむ　朝日新聞出版

本書は、マガジンハウスより刊行された『「ひとり時間」で、すべてがうまく回りだす!』を、文庫収録にあたり加筆・改筆・再編集のうえ、改題したものです。

週末《しゅうまつ》ひとり時《じ》間《かん》

著者　池田千恵（いけだ・ちえ）
発行者　押鐘太陽
発行所　株式会社三笠書房
〒102-0072 東京都千代田区飯田橋3-3-1
電話　03-5226-5734（営業部）03-5226-5731（編集部）
https://www.mikasashobo.co.jp
印刷　誠宏印刷
製本　ナショナル製本

 ISBN978-4-8379-3064-8 C0130

王様文庫

王様文庫

「運のいい人」は手放すのがうまい
大木ゆきの

こだわりを上手に手放してスパーンと開運していくコツを「宇宙におまかせナビゲーター」が伝授！　◎心がときめいた瞬間、宇宙から幸運が流れ込む　◎「思い切って動く」とエネルギーが好循環……心から楽しいことをするだけで、想像以上のミラクルがやってくる！

面白すぎて時間を忘れる雑草のふしぎ
稲垣栄洋

みちくさ研究家の大学教授が教える雑草たちのしたたか&ユーモラスな暮らしぶり。どんな雑草もボ～ッと生えてるわけじゃない！　◎「刈られるほど元気」になる奇妙な進化　◎「上に伸びる」だけが能じゃない　◎甘い蜜、きれいな花には「裏」がある…足元に広がる「知的なたくらみ」

週末朝活
池田千恵

「なんでもできる朝」って、こんなにおもしろい！　○「朝一番のカフェ」の最高活用法　○今まで感じたことがない「リフレッシュ」　○「できたらいいな」リスト……週末なら、時間も行動も、もっと自由に組み立てられる。心と体に「余白」が生まれる59の提案。

K30644